> SZENE

S. 12–15: Trends, Entdeckungen, Hotspots! Was wann wo in Hawaii los ist, verrät der MARCO POLO Szeneautor vor Ort

> 24 STUNDEN

S. 104/105: Action pur und einmalige Erlebnisse in 24 Stunden! MARCO POLO hat für Sie einen außergewöhnlichen Tag auf Oahu zusammengestellt

> LOW BUDGET

Viel erleben für wenig Geld! Wo Sie zu kleinen Preisen etwas Besonderes genießen und tolle Schnäppchen machen können:

Shoppen in der Waikele Outlet Mall S. 35 | Surf-Action in einem Backpacker-Hostel S. 48 | Günstig: das typische Gericht der Plantagenarbeiter S. 55 | Kein Essen teurer als 10 $ S. 64 | Kostenlose Hula-Show S. 74 | Frische Früchte zu Marktpreisen S. 96

> GUT ZU WISSEN

Spezialitäten S. 26 | Heiraten auf Hawaii S. 38 | Blogs & Podcasts S. 42 | Bücher & Filme S. 66 | Madame Pele S. 93

AUF DEM TITEL

Heiße Wanderungen im Hawaii Volcanoes National Park S. 86
Der neue Trendsport: Tow-in-Surfing auf Maui S. 13

ENTDECKEN SIE HAWAII!

Unsere Top 15 führen Sie an die traumhaftesten Orte und zu den spannendsten Sehenswürdigkeiten

Die Highlights sind in der Karte auf dem hinteren Umschlag eingetragen

 **Ironman Triathlon**
Auf Big Island erfunden: der berühmteste Härtetest der Welt. Auch für alle Zuschauer ein Erlebnis (Seite 23)

 **Bishop Museum**
In Honolulu wird Hawaiis Erbe bewahrt: Federhelme, alte Surfbretter, Waffen und königliche Gewänder (Seite 33)

 **Hau Tree Lanai**
Pure Romantik für den besonderen Abend in Waikiki: Dinner auf einer lauschigen Terrasse am Meer (Seite 37)

 **Nuuanu Pali Lookout**
Ein Panoramablick der Extraklasse: Unendlich weit schauen Sie über Oahus grüne Klippen und tiefblaue Buchten (Seite 43)

 **Waimea Bay, Sunset Beach, Pipeline Beach, Banzai Beach**
Berühmt aus vielen Surferfilmen: die legendären Strände von Haleiwa mit den höchsten Wellen der Welt (Seite 47)

 **Na Pali Coast**
Die Steilklippen im Norden von Kauai sind eines der ganz großen Erlebnisse Hawaiis: zu Fuß, im Flugzeug oder per Boot (Seite 54)

 **Waimea Canyon**
Die Insel Kauai kann sich rühmen, den Grand Canyon der Südsee zu besitzen. Die gut 1000 m tief in den Felsen eingeschnittene Schlucht überspannen oft herrliche Regenbögen (Seite 59)

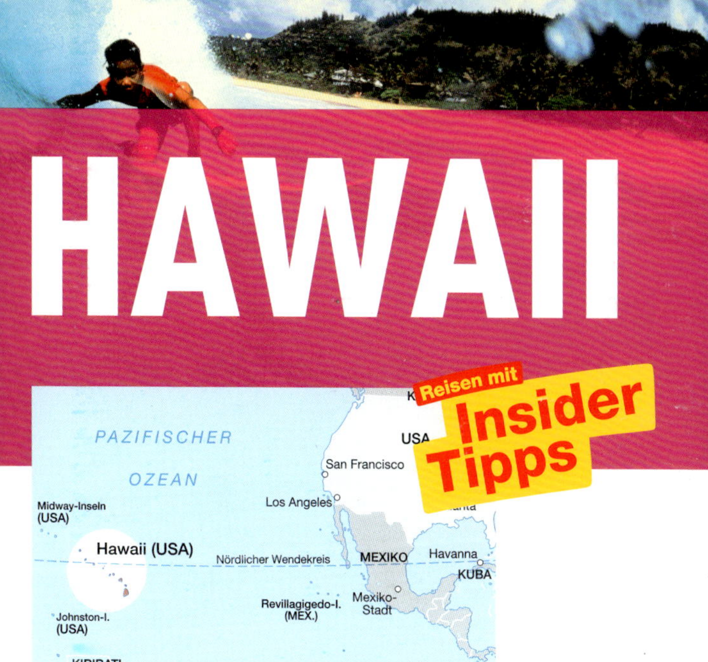

Wenn man sich ins Hinterland aufmacht, entdeckt man einsame Wasserfälle und von Dschungel umrahmte Badeteiche. Da kann man sich schon mal wie Robinson in der Südsee fühlen ...

MARCO POLO Autor
Karl Teuschl

(siehe S. 139)

Spezielle News, Lesermeinungen und Angebote zu Hawaii:
www.marcopolo.de/hawaii

HAWAII

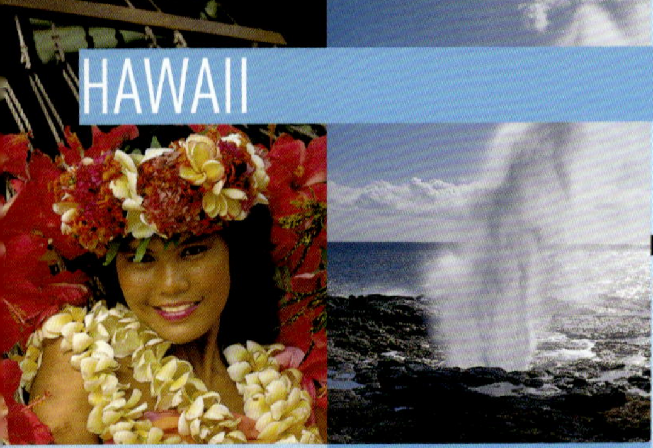

> SYMBOLE

Insider Tipp **MARCO POLO INSIDER-TIPPS**
Von unserem Autor Karl Teuschl für Sie entdeckt

★ **MARCO POLO HIGHLIGHTS**
Alles, was Sie in Hawaii kennen sollten

SCHÖNE AUSSICHT

▶▶ **HIER TRIFFT SICH DIE SZENE**

> PREISKATEGORIEN

HOTELS

€€€ über 160 Euro
€€ 90–160 Euro
€ unter 90 Euro

Die Preise gelten in der Hochsaison für ein Standard-Doppelzimmer ohne Frühstück. Meerblick ist meist teuer

RESTAURANTS

€€€ über 23 Euro
€€ 13–23 Euro
€ unter 13 Euro

Die Preise gelten für ein Hauptgericht inklusive 4 % Steuern und rund 15 % Trinkgeld

> KARTEN

[124 A1] Seitenzahlen und Koordinaten für d… Reiseatlas Hawaii
[U A1] Koordinaten für d… Karte Honolulu Ar… im hinteren Umsc…
[0] außerhalb des Kartenausschnitts

Zu Ihrer Orientierung sind auch die Orte mit Koordina… versehen, die nicht im Rei… atlas eingetragen sind

> DIE BESTEN MARCO POLO HIGHLIGHTS

8 Kalaupapa Peninsula
Einst das lebendige Grab für Tausende Leprakranke, heute eine bewegende Gedenkstätte vor spektakulärer Kulisse auf Molokai (Seite 63)

9 Haleakala Crater
Den größten und tiefsten Krater von Hawaii finden Sie auf Maui – bei Sonnenaufgang ist er besonders eindrucksvoll (Seite 70)

10 Hookipa Beach
Auf Maui liegt das Mekka der Windsurfer: tolle Wellen, steter Wind, junge Szene. Auch Zuschauen lohnt (Seite 77)

11 Lahaina
Altstadt mit viel Flair im früheren Walfängerstädtchen auf Maui (Seite 80)

12 Hawaii Volcanoes National Park
Hier sprudeln die aktivsten Vulkane der Erde ihre Lava über Big Island (Seite 86)

13 Akaka Falls
Ein Spaziergang durch einen paradiesischen Tropengarten mit Panoramablick über mehrere Wasserfälle – zu finden auf Big Island (Seite 91)

14 Four Seasons Hualalai
In edler Abgeschiedenheit liegt auf Big Island das feinste Hotel Hawaiis (Seite 93)

15 Puuhonua o Honaunau
Die mystische Tempelstätte auf Big Island war einst Zufluchtsort der Hawaiianer in Kriegszeiten (Seite 95)

WAS
FÜR
INSELN!

AUFTAKT

Seit Jahren sprudelt rot glühende Lava aus dem Kilauea-Vulkan auf Big Island. Gleich daneben führen Wanderrouten durch urweltlichen Farnwald und über das noch warme Lavagestein. Ein wirklich einzigartiges und höchst fotogenes Erlebnis. Aber die Hawaii-Inseln fernab im weiten Pazifik bieten noch viel mehr. Sie sind die Inseln des ewigen Frühlings, gesäumt von feinen Stränden, überwuchert von duftenden Blüten und tropischen Ranken. Für Taucher, Wanderer und Naturfans sind sie ein ideales Ziel – und für Surfer das Paradies und die Urheimat ihres Sports.

> Wohl kaum eine Inselgruppe der Welt hat unsere Phantasie so beflügelt wie Hawaii. Seit den Erzählungen der ersten Seeleute, die mit Captain James Cook den paradiesischen Archipel 1778 für die westliche Welt entdeckten, verkörpern die Inseln die idyllische Südseewelt mit Bildern, die unsere Träume bis heute beeinflussen. Sportliche, dunkelhäutige Hawaiianer surfen auf den Wellen, während ihre anmutigen Frauen mit Blumenkränzen im Haar am Palmenstrand Hula tanzen und im Hintergrund der sanfte Klang der Ukulele ertönt – Begriffe wie Arbeit und Sünde sind unbekannt.

So weit, so gut. Kann aber nun das wirkliche Hawaii die Phantasien wahr werden lassen? Ja und nein. Natürlich gibt es heute viel Kitsch und Kommerz, denn die Inseln leben vom Tourismus und sind seit 1959 der 50. Bundesstaat der USA. Auf der Hauptinsel Oahu, wo knapp 70 Prozent der 1,3 Mio. Einwohner Hawaiis leben, wuchern in der Hauptstadt Honolulu die Wolkenkratzer und Hoteltürme. Und auch auf den anderen Inseln entstanden in den letzten 30 Jahren Zentren mit Tennis- und Golfplätzen und allem, was das Herz von Urlaubern begehrt. Doch nicht weit davon gibt es noch makellose Strände, üppige Regenwälder und grandiose, unberührte Vulkanlandschaften. Die tropischen Früchte der Inseln schmecken fabelhaft, und die sprichwörtliche Freundlichkeit der Bewohner – heute eine bunte Mischung aus Ost und West, aus Asiaten, Polynesiern und Weißen – hat wirklich nichts von ihrer Herzlichkeit eingebüßt.

> Rund 170 Inseln gehören zum Staat Hawaii

Rund 130 Inseln gehören zum Staat Hawaii, die meisten von ihnen winzig und unbewohnt. Sie kleckern in einem fast 4000 km langen Bogen

Rauchsäulen steigen auf, wenn auf Big Island heiße Lava ins Meer fließt

vom russischen Kamtschatka nach Südosten. Bewohnt und erschlossen sind nur die sechs größeren Vulkaninseln am Ende der Kette – mitten im Stillen Ozean und fast 4000 km von jedem Kontinent entfernt.

Hawaii war die letzte größere Inselgruppe, die in der Neuen Welt entdeckt wurde. Allerdings lebten damals, als Captain Cook auf seiner dritten Südseereise hierherkam, schon längst Polynesier auf Hawaii, die seit 1300 Jahren auf den Vulkaninseln siedelten. Mächtige *alii* (Adlige) und *kahunas* (Priester) herrschten damals mit strengen *kapus* (Tabugesetzen) über das einfache Volk. Mit der Ankunft von Missionaren, Walfängern und Zuckerrohrpflanzern brach die Neuzeit an, und 1898 wurde das Königreich Hawaii schließlich von den USA annektiert. Seitdem haben sich die „Inseln des ewigen Frühlings" zum beliebten Badeparadies entwickelt, mit perfekter Infrastruktur und einer gut geölten Urlaubsmaschinerie.

Wohin also, um die Vielfalt der Inseln und den Südseetraum zu erleben? Nun, Waikiki, den legendären Strandvorort von Honolulu auf Oahu, muss man gesehen haben: die Silhouette des Diamond Head, den berühmten Strand. Auch der Rummel hat seinen Reiz – und nirgendwo sonst auf den Inseln sind Muschelketten und T-Shirts so billig wie hier. Außerdem kann man auf Oahu die besten Surfer der Welt beobachten, die im Winter an der Nordküste auf

> ***Religionen aus aller Welt leben hier friedlich vereint***

10 m hohen Wellen durch die Gischt reiten. Und in Honolulu an der Südküste lässt sich das bunte Mosaik der Kulturen Hawaiis erleben: Religionen und Ethnien aus allen Ecken der Welt leben hier verblüffend friedlich vereint.

Eine halbe Flugstunde nordwestlich liegt Kauai, die landschaftlich vielfältigste Insel der Gruppe, mit dem über 1000 m tiefen Waimea Canyon und der spektakulären Na Pali Coast. Die großen Naturschutzgebiete sind ideales Wanderterrain und die Heimat seltener Blumen und Vögel.

Nächster Stopp, nun Richtung Südost: Maui. An der sonnigen Südküste warten lange Strände mit fabelhaften Ferienhotels und der alte Walfängerhafen Lahaina, jetzt ein charmantes Touristenstädtchen. Entlang der

Nordküste verläuft die Hana Road, eine phantastische Dschungelroute zu verträumten Missionskirchen und abgelegenen Stränden. Und über allem thront der 3055 m hohe Schildvulkan Haleakala, dessen einzigartige Lavalandschaft in einem Nationalpark geschützt wird.

Big Island, die Insel Hawaii, ist die größte Insel – mit gut 4000 m hohen Bergen, weitläufigen Ranches im Hochland, Orchideenfarmen, dichten Dschungelwäldern und schäumenden Wasserfällen. An der Ostküste wird der vulkanische Ursprung des Archipels unmittelbar deutlich: Tief aus dem Erdmantel unter dem Pazifik dringt heißes Magma an die Oberfläche und baut Vulkane, Inseln im bis zu 5000 m tiefen Meer. Aber sogar die Vulkanausbrüche sind auf diesen sanften Inseln nicht bedrohlich: keine Explosionen, sondern ein gemächliches Fließen der Lava. Hier lässt sich die Erde bei der Geburt von Land zusehen.

Es bleiben die beiden kleinsten Inseln: Lanai war bis Ende der 1980er-Jahre eine einzige Ananasplantage und ist heute ein Luxusrefugium für Golfer. Molokai ist bis heute die ursprünglichste Insel – mit dichtem Dschungel im Hochland, holprigen Straßen und starkem Bezug zur alten hawaiischen Kultur. Noch zwei weitere, für Besucher nicht zugängliche Inseln verdienen Erwähnung: Das kleine, felsige Kahoolawe vor der Küste Mauis, das die US-Navy jahrzehntelang als Übungsziel für Bomber missbrauchte, wurde an die Hawaiianer zurückgegeben und soll

WAS WAR WANN?

Geschichtstabelle

Um 500 n. Chr. Polynesier von den gut 4000 km entfernten Marquesas-Inseln entdecken und besiedeln Hawaii, 600 Jahre später folgt eine zweite Einwandererwelle aus Tahiti

1778 Captain James Cook entdeckt den Hawaii-Archipel für die westliche Welt. Bei seinem zweiten Besuch wird er 1779 von den Insulanern getötet

1795–1810 Kamehameha I., ein Häuptling von Big Island, unterwirft in blutigen Kämpfen die anderen Inseln und regiert danach als König den Archipel

1819 Nach dem Tod von Kamehameha I. öffnet dessen Witwe Kaahumanu das Inselreich westlichen Einflüssen

Nach 1830 Protestantische Missionare bestimmen Hawaiis Politik

Um 1860 Der Walfang verliert an Bedeutung. Der Zuckerrohranbau wird zur wichtigsten Industrie. Tausende Japaner, Chinesen und Philippiner kommen als Landarbeiter nach Hawaii

1893 Liliuokalani, Hawaiis letzte Königin, tritt nach einem Staatsstreich zurück, 1899 annektieren die USA die Inseln

7. Dez. 1941 Der Angriff japanischer Bomber auf Pearl Harbor wird für die USA zum Auslöser für den Eintritt in den Zweiten Weltkrieg

1959 Hawaii wird der 50. Bundesstaat der USA – und der Tourismus bald der wichtigste Wirtschaftszweig

ab 2001 Die Amerikaner machen verstärkt Urlaub im eigenen Land: Hawaii boomt

Herbst 2006 Ein Erdbeben der Stärke 6,7 vor Big Island erinnert an die feurige Entstehung Hawaiis

renaturiert werden. Und schließlich Niihau, die „verbotene Insel". Auf dieser kleinen Privatinsel westlich von Kauai wohnt bis heute eine Gruppe Hawaiianer in traditioneller Lebensweise.

> *Gemächlich fließt die Lava auf Big Island*

Doch zurück zu den Reizen Hawaiis. Nicht zuletzt das perfekte Klima am Wendekreis des Krebses lockt uns Nordländer an. Im Winter ist es tagsüber im Durchschnitt angenehme 25 Grad, im Sommer 28 Grad warm. Die Temperaturen des klaren, blauen Pazifiks schwanken zwischen 24 und 27 Grad: nicht zu heiß, nicht zu kalt. Die beständigen Passatwinde bringen auch an den heißesten Tagen eine angenehme Kühlung. Nur ein Hurrikan – wie im September 1992 auf Kauai – stört alle paar Jahrzehnte das Idyll und zerzaust die Inseln.

Um alle Inseln zu sehen, brauchen Sie mindestens drei Wochen. Mangel an Abwechslung werden Sie nicht zu beklagen haben. Wanderwege und Sightseeing-Attraktionen, Tennis, Golfplätze, Segeltörns, Walbeobachtung, Reiten und Wassersport in allen Variationen stehen zur Auswahl. Oder Sie stöbern einen einsamen Palmenstrand auf – es gibt viel zu entdecken auf den schönsten Inseln der Welt.

Ideale Bedingungen zum Betrachten der Sterne: Mauna Kea (4205 m, Big Island)

TREND GUIDE HAWAII

Die heißesten Entdeckungen und Hotspots! Unser Szene-Scout zeigt Ihnen, was angesagt ist

Roberto La Pietra
ist absoluter Hawaii-Insider! Als Vertretung der *Hawaii Tourism Authority* in Deutschland fährt er mehrmals im Jahr auf die Inseln, damit er immer up to date ist. Besonders fasziniert ihn, dass Hawaii immer hipper wird, vor allem in Sachen Nightlife. Am liebsten zieht er durch die schicken Clubs und Lounges oder holt sich kreativen Input bei den Kunstevents in Honolulu.

ALOHA DESIGN

Von wegen Hawaiihemden!

Die Fashionszene explodiert: Noch vor Kurzem gingen Designer von den Inseln nach New York und L.A. – jetzt haben sie ihre Heimat als Markt entdeckt. Die Entwürfe und Ideen der lokalen Designer boomen, sogar Celebrities decken sich damit ein. Teri Hatcher und Paris Hilton stehen auf die verführerischen Seidenkleidchen und Accessoires von Maggie Coulombe *(505 Front St., Maui, www.maggiecoulombe.com,* Foto*)*. Die süßen Bikinis von *Pualani Hawaii Swimwear* stehen nicht nur bei den Beachgirls hoch im Kurs, auch Stars wie Cameron Diaz lieben die ultrasexy Modelle von Iwalani Isbell *(2863 Kalakaua Ave., Honolulu, www.pualanihawaii.com)*. Ebenfalls populär: die *Hinu*-Ketten von Jennifer Binney. Lindsay Lohan und Jennifer Garner zählen zu den Fans dieser Designerin. Einmal im Jahr feiert sich die Modeszene bei der neuen *Honolulu Fashion Week*.

SZENE

WIND UND WELLEN

Außergewöhnliches aus dem Surfer-Paradies

Ohne Surfbrett geht gar nichts: Die Hawaiianer wachsen mit dem Brett unter den Füßen auf, und die Szene erfindet sich immer wieder neu. *Tow-in-Surfing* ist der neueste Schrei: Weil die Brandung so gigantisch ist, lassen sich Extremsurfer mit dem Jet-Bike in die Riesenwellen ziehen. Der Hotspot ist Jaws auf Maui, ca. 12 km östlich von Hookipa – hier brechen die höchsten Wellen der Welt! Nicht ganz so rasant geht's beim *Buffalo's Big Board Surfing Classic Contest* am Makaha Beach auf Oahu zu: Statt auf modernen Kurzbrettern surft man *Buffalo-Style* auf traditionellen langen Brettern. Surfgear gibt's bei *Barnfield's Raging Isle Surf & Cycle*, einer lokalen Institution *(66-250 Kam Hwy., Haleiwa, www.ragingisle.com,* Foto*)*.

NATUR PUR

Delicious Wellness Treatments

Die neuen Luxus-Anwendungen mit lokalen Erzeugnissen sind absolut köstlich: Hawaiische Salze, Ananas, Papaya, Kokosnuss und Kona-Kaffee sorgen für schöne Haut. Im *Honua Spa (5031 Hana Hwy., Hana, www.hotelhanamaui.com)* auf Maui lässt man es sich mit einer vulkanischen Lehm-Körpermaske mit Vanille, Mandarine, Rosmarin, Salbei und Lakritz gut gehen, auf Maui fühlt man sich nach dem Sternfrucht-Butter-Cocoon wie neu geboren *(2365 Kaanapali Pkwy., Lahaina, www.westinmaui.com)*. Für Wellness-Fans ein Traum sind auch der Schokoladen-Macadamianuss-Scrub im *Mandara Spa* auf Oahu *(2005 Kalia Rd., www.mandaraspa.com)* und der Mango-Ingwer Scrub mit braunem Zucker des *Aloha Spa To You (Tel. 250-63 22, www.alohaspatoyou.com)*, das Anwendungen im eigenen Heim oder Büro auf Maui bietet. Ebenfalls toll: der Kona-Kaffee-Slimming-Wrap mit Vanille und Kokosnuss auf Oahu *(5000 Kahala Ave., Honolulu, www.kahalaresort.com,* Foto*)*.

SHANTI & SPA

Body, Soul und Spirit mal anders

Yoga hat einen neuen Verbündeten: das Spa! Beim Yoga-Retreat im *Kahuna Valley* auf Kauai *(Kapaa, www.kahunavalley.org)* geht es nach dem Sonnengruß direkt zu Massage und Co. Das Resultat? Entspannung pur! Noch weiter geht das *Kelea Surf Spa (Laniakea, www.keleasurfspa.com,* Foto*)* auf Oahu: Zu Yoga und Wellness gesellt sich hier noch der Surfspaß. Laurie Momi Chee designt schicke Yoga-Wear für *Lily Lotus,* die auch zwischen Spa- und Yoga-Session super aussieht *(www.lilylotus.com)*.

JA, ICH WILL

Marry in Style

Kitschige Hochzeiten ade: Hawaii wird als Wedding Destination immer schicker. Von der Location über den Brautstrauß bis hin zur Torte – alles wird komplett durchgestylt! Der *Wedding Planner* organisiert nicht nur die schönsten Orte, sondern auch Junggesellenabschied und Spa Days *(www.whiteorchidwedding.com)*. Profi-Fotografen wie Graham Chappell setzen das Paar so glamourös in Szene, dass es aussieht, als sei es den Hochglanzmagazinen entsprungen *(www.lamoana.com)*. Stylishe Brautsträuße gibt's bei *Design by Hemingway (www.designsbyhemingway.com)*, die passenden Hochzeitstorten bei *Cake Couture (www.cakecouture.com)*.

KLEINE INSEL GANZ GROSS

Oahus Nightlife Hotspots

Die neuen schicken Clubs und Lounges auf Oahu können es durchaus mit denen auf dem Festland aufnehmen. Exklusives Lounge-Feeling und coole Drinks wie Kokosnuss-Mojito gibt's im glamourösen *Pearl (Ho'okipa Terrace, www.pearlhawaii.com)*. Honolulus Szene feiert in der superstylishen *O Lounge (1349 Kapiolani Blvd., www.theolounge.com,* Foto*)* und im *Green Room and Opium Den & Champagne Bar (1121 Nu'uanu Ave., www.indigo-hawaii.com/greenroom.html)*.

KREATIVE HAPPENINGS

Hawaii zeigt sich innovativ

Hawaiis Kreativszene ist in Bewegung und denkt sich immer neue Veranstaltungen aus. Das *Thirtyninehotel* ist ein Multimedia-Venue und Hotspot für Live-Musik, Fashion-Shows, Ausstellungen und Filmvorführungen *(39 N Hotel St., www.thirtyninehotel.com)*. Das *Honolulu Design Center (1250 Kapiolani Blvd., www.honoluludesigncenter. com,* Foto*)* beeindruckt nicht nur mit seiner hypermodernen Architektur, sondern auch mit Events wie dem *Designer Saturday*. *Art After Dark* steigt am letzten Freitag des Monats in der *Honolulu Academy of Arts*: Es gibt Kunst, Drinks und Entertainment und das jedes Mal zu einem völlig anderen Thema *(900 S Beretania St., www.honoluluacademy.org)*. Auch beliebt: die *Friday Night is Art Night* in Lahaina auf Maui *(www.visitlahaina.com)*.

GRÜN IST IN

Local Products with a Conscience

Von Mode über Bier und Seife bis hin zum Surfwachs, lokale „grüne" Produkte liegen voll im Trend. Aufstrebende Designer benutzen organische Materialien oder rekonstruieren alte Klamotten. Die Top-Adresse für *Recycled Fashion* ist *The Candy Shop* in Honolulu *(831 Queen St., www.queenshawaii.com)*. Hier gibt's die coolen Teile von Dan Weavers Label *Cut N Sewn (www.cutnsewnwithlove.com)* oder die supersüßen Tops und Kleider von *Mechakawa Vintage (www.myspace.com/mechakawa)*. Das *Wet Women Surf Wax (www.wetwomensurfwax.com,* Foto*)* ist ein biologisch abbaubares Surfwachs, das in einer todschicken recycelten Dose angeboten wird. Die handgemachten *Kula Herbs*-Seifen beeindrucken mit Sorten wie *Hana Bay Rum (www.kulaherbs.com)*. Richtig lecker ist das *Oceanic Organic Ale* mit seinem würzigen Aroma und einem Hauch Zitrus, weißem Pfeffer, Nelken und Kardamom. Die *Kona Brewing Company* auf Big Island braut übrigens mit Bio-Gerste und -Hopfen *(75-5629 Kuakini Hwy., Kailua Kona, www.KonaBrewingCo.com)*.

> VON ALOHA BIS WIRTSCHAFT

Ein Aloha als Gruß, der Hula ein religiöses Ritual: Hintergründe zum besseren Verständnis der Inseln

ALOHA

Dieses melodisch klingende hawaiische Wort werden Sie als Erstes auf den Inseln hören. Es dient zur Begrüßung und Verabschiedung oder wird ganz allgemein als Wort für Liebe gebraucht. Der viel gerühmte Geist des Aloha weht über die Inseln – mal etwas touristisch, oft aber ehrlich und aus natürlicher Freundlichkeit. Auch andere, im touristischen Alltag wichtige Wörter werden Sie schnell lernen. Zum Beispiel die Richtungsangaben *mauka* (landeinwärts) und *makai* (zum Meer hin). Ebenfalls wichtig: *mahalo* (danke) und als Richtungsangabe vor der Toilette: *wahine* (Frauen) und *kane* (Männer).

BEVÖLKERUNG

Von den rund 300000 Hawaiianern, die bei der Ankunft der Weißen um

Bild: Hula-Tänzer auf Oahu

STICH WORTE

1790 auf den Inseln lebten, blieb nach hundert Jahren eingeschleppter Krankheiten und kolonialer Erschließung gerade noch ein Zehntel übrig. Heute gibt es wohl kaum mehr als 10000 wirklich reinblütige Hawaiianer. Im Mosaik der Ethnien auf Hawaii gibt es ohnehin nur Minderheiten: Rund 30 Prozent der 1,3 Mio. Einwohner sind weiß, etwa 23 Prozent sind japanischer, 11 Prozent philippinischer, rund 5 Prozent chinesischer und unter 2 Prozent afroamerikanischer Abstammung. Hinzu kommt ein bunter Cocktail anderer Einwanderer: Portugiesen, Koreaner, Samoaner und neuerdings auch Mexikaner.

FAUNA & FLORA

Fernab aller Kontinente war Hawaii über Jahrmillionen eine geschützte Welt. Es gab keine dornigen Pflanzen, Raubtiere oder giftigen Spinnen, und auf dem jungfräulichen vulkanischen Boden entwickelten sich aus den von Vögeln und Meeresströmungen hierhergetragenen Samen über die Jahrtausende neue Arten. Hawaii war wie ein natürliches Treibhaus der Evolution. Auch die Vögel passten sich der Umwelt an. Zahlreiche neue den Arten sind die hawaiische Nene-Gans, die Hawaii-Mönchsrobbe und das prächtige, nur am Gipfel des Haleakala wachsende Silberschwert die bekanntesten. Allerdings hat sich Hawaii erst durch die neue Vielfalt zu dem Tropenparadies entwickelt, wie wir es heute kennen. Denn das milde,

Die gewaltige Hawaii-Mönchsrobbe kann eine Körperlänge von über 2 m erreichen

Spezies, wie zum Beispiel flugunfähige Eulen oder der Honigsuchende Baumläufer, lebten nur hier.

Mit den Menschen aber kamen fremde Pflanzen und Tiere: Die Polynesier brachten Schweine, Hühner und Hunde, Taro, ein stärkehaltiges Knollengewächs, Bananen, Kokospalmen und andere Nutzpflanzen. Seit auch noch die Weißen zahlreiche inselfremde Arten einführten, wurde die einheimische Fauna und Flora stark dezimiert. Unter den überleben- frostfreie Klima lässt Pflanzen aus aller Welt bestens gedeihen.

HULA

Der traditionelle Hula, der *Kahiko Hula*, ist weit mehr als das simple, oft in polynesischen Shows gezeigte Hüftenschwingen im Baströckchen: Er ist ein ursprünglich nur von Männern getanztes, heiliges Ritual, mit dem sie hawaiische Legenden und ihren kultischen Kosmos ausdrücken. Weniger auf die kreisenden Hüften kommt es dabei an als auf die Gestik und Mimik. Der Hula-Tänzer stellt die Blätter der Bäume dar und die Wellen des Meeres, die Vulkane, die Gewitter und die mächtigen Götter. Da Fruchtbarkeit und Sexualität in ihrer Naturreligion eine zentrale Rolle spielen, ist die erotische Ausdruckskraft der Tänzer höchst wichtig. Für die puritanischen Missionare, die nach ihrer Ankunft schnellstens den Hula verboten, war er ein Gräuel. Erst seit in den 1970er-Jahren eine Renaissance der alten hawaiischen Kultur einsetzte, wird auch der klassische Hula wieder gelehrt und auf zahlreichen Veranstaltungen gezeigt.

LEIS

Die kunstvoll gewundenen Kränze aus Blüten, Blättern und Farnen sind duftende, vergängliche Kunstwerke, die den Hawaiianern als Geschenke an die Götter galten und je nach Anlass in unterschiedlichen Formen und Farben hergestellt wurden. Die uralte Tradition ist bis heute erhalten geblieben: Man schenkt Leis zu Geburtstagen und Hochzeiten, begrüßt die Besucher damit am Flughafen und schmückt sich oft nur aus guter Laune mit ihnen. Es gibt auch haltbare Leis, die aus Kukuinüssen, Samenkörnern oder Muscheln angefertigt wurden. Nur aus Plastikblüten sollte ein Lei niemals sein.

PAKALOLO

Pakalolo (verrückter Rauch) ist das hawaiische Wort für Marihuana, das in den abgelegenen Bergen von Kauai, Maui und Big Island hervorragend gedeiht. Trotz Lippenbekenntnissen der Politiker und regelmäßiger Razzien, bei denen die Pflanzen aufgespürt und verbrannt werden, hat sich der Anbau zu einer lukrativen Industrie entwickelt. Beim Wandern im Hinterland sollten Sie vorsichtig sein, da die Bauern allzu neugierige Besucher nicht mögen.

POLITIK

Nach fast hundert Jahren als Königreich und sechzig Jahren als Territorium der USA wurde Hawaii 1959 zum amerikanischen Bundesstaat erklärt. Dementsprechend besteht die Legislative aus dem Senat mit 25 gewählten Mitgliedern und einem Repräsentantenhaus mit 51 Mitgliedern. Ein Gouverneur führt die Staatsgeschäfte. Im Gegensatz zu allen anderen Staaten der USA gibt es in Hawaii keine Stadtregierungen, sondern vier Bezirke mit eigenem Bürgermeister und Bezirksrat: Oahu, Kauai, Big Island und Maui, zu dem auch die Inseln Molokai und Lanai gehören.

SPRACHE

Die Umgangssprache auf den Inseln ist Englisch – allerdings vermischt mit vielen Wörtern aus den Einwanderersprachen und aus dem Hawaiischen. Die melodische Sprache des alten Hawaii hört man heute nur noch selten, doch die erstarkende Unabhängigkeitsbewegung gibt neuerdings auch der Sprache wieder Auftrieb. Vor allem Ortsnamen, die für Besucher zu Anfang höchst verwirrend sind, weil sie sehr ähnlich klingen, erinnern an die ursprüngliche Sprache Hawaiis. Das Hawaiische – eine polynesische Sprache und nahe verwandt mit der der Tahitianer – kommt mit verblüffend wenigen Lauten aus. Es gibt die fünf Vokale a, e, i, o und u, doch nur sieben Konsonanten: h, k, l, m, n, p und w. Nachdem die Missionare zu Beginn des 19. Jhs. die Sprache verschriftet und als Erstes die Bibel übersetzt hatten, diente Hawaiisch noch bis ins 20. Jh. als offizielle Sprache. Erst nach dem Zweiten Weltkrieg wurde es durch Englisch verdrängt.

SURFEN

Das Wellenreiten wurde von den Hawaiianern erfunden. Es war einst der Sport der Könige. Zwar durften auch Frauen und Kinder surfen, doch nur auf den kleinen Wellen. Die besten Surfstrände waren mit *kapus* (Tabus) belegt und allein den Adligen vorbehalten. Mit gewaltigen, zentnerschweren Brettern meisterten sie dort ihren tollkühnen Ritt auf den Wellen.

Hawaii ist wie geschaffen für diesen Sport, denn im Dezember und Januar treten an der Nordküste der Inseln (vor allem auf Oahu) die besten Wellen auf: 10, ja 15 m hoch bäumen sich die Brecher auf und rollen dann lang aus. Dabei lief das Wellenreiten im 19. Jh. fast Gefahr auszusterben. Für die Missionare war der gefährliche Sport Zeitverschwendung, und sie verboten ihn. Erst zu Beginn des 20. Jhs. konnte Duke Kahanamoku neues Interesse am Surfen wecken. Der Hawaiianer und olympische Goldmedaillengewinner im Schwimmen von 1912 wurde zum kulturellen Botschafter Hawaiis. Wo immer er hinreiste, nahm er sein Surfbrett mit und begeisterte die Zuschauer für den tollkühnen Tanz auf den Wellen.

Mit der Kraft der Naturelemente in Einklang kommen – das ist Surfen!

TSUNAMI

Seit der Katastrophe in Südostasien 2004 ist die von Seebeben ausgelöste „große Welle im Hafen“ der ganzen Welt leidvoll bekannt. Hawaii kannte Tsunamis schon zuvor, denn die Inseln mitten im Pazifik können solche Riesenwellen aus Asien, Alaska oder Amerika abbekommen. Die letzte große Tsunami wurde 1960 durch ein Beben in Chile ausgelöst: Rund 16 Stunden später erreichte die 11 m hohen Welle die Ostküste Hawaiis, zerstörte die Hafenstadt Hilo und forderte 61 Menschenleben. Heute hilft ein weltweites Warnsystem: Bei Tsunamiwarnung heulen Sirenen, und alle Küstenregionen werden evakuiert (Infos in jedem Telefonbuch Hawaiis).

VULKANE

Alle Inseln Hawaiis bestehen aus erkaltetem Lavagestein und sind eigentlich die Gipfel gewaltiger, unterseeischer Vulkane, die in Jahrmillionen aus dem 5500 m tiefen Meeresboden emporwuchsen. Schuld daran ist ein so genannter *hot spot,* ein heißer Fleck im Erdmantel, der wie ein riesiger Schweißbrenner die rund 100 km dicke Gesteinsplatte des erkalteten äußeren Erdmantels durchbrennt. Diese Pazifikplatte bewegt sich durch die Kontinentalverschiebung pro Jahr einige Zentimeter nach Nordwesten. So entstand über die letzten 70 Mio. Jahre eine 6000 km lange Kette aus Inseln und ungezählten Unterwasserbergen, die sich von Kamtschatka über die Midway-Inseln bis nach Hawaii erstreckt. Auf Hawaii selbst lässt sich die Kontinentalverschiebung und die Arbeit des „heißen Flecks“ genau nachvollziehen: Kauai, die westlichste Insel, ist mit 5,5 Mio. Jahren auch die älteste. Und Big Island mit nur 700 000 Jahren und seinen noch aktiven Vulkanen die jüngste und östlichste. Die nächste Insel ist im Bau: Vor der Ostküste von Big Island wächst bereits ein neuer Unterwasservulkan.

WIRTSCHAFT

Walfang und Sandelholz waren nach 1800 die ersten Exportindustrien Hawaiis, später entstanden Zuckerrohr- und Ananasplantagen, die von nur fünf Gesellschaften, den *Big Five,* kontrolliert wurden. Ihnen gehörte das fruchtbare Land, sie bestimmten die Politik. Erst mit dem Zweiten Weltkrieg änderte sich die Wirtschaftsstruktur. Große Militärstützpunkte entstanden. Noch heute sind rund 40 000 Soldaten auf Hawaii stationiert, viele von ihnen im riesigen Flottenstützpunkt Pearl Harbor, dessen Name für den Kriegseintritt der USA steht. Heute aber sorgt der Tourismus für Arbeitsplätze und ein Drittel der Staatseinkünfte: Rund 7 Mio. Besucher kommen jährlich und lassen gut 6 Mia. $ auf Hawaii.

Der Anbau von Ananas und Zuckerrohr ist in den letzten Jahren stark zurückgegangen. Billige Importe aus Entwicklungsländern haben die Plantagen unrentabel gemacht. Der Immobilienboom lässt nun Apartments, Golfplätze und Shoppingmalls entstehen. Auf dem verbliebenen Land werden heute vor allem hoch rentable Produkte wie Kaffee, Macadamianüsse oder Blumen angebaut.

RODEOS UND HULA-FESTE

Die ethnische Vielfalt sorgt für bunte Festivals

> Surfing- und Windsurfingwettkämpfe und die typisch hawaiischen Regatten von Outrigger-Kanus finden an vielen Wochenenden das ganze Jahr über vor allem auf Oahu und Maui statt.

OFFIZIELLE FEIERTAGE

An den folgenden Tagen sind Banken, Schulen, Postämter und viele Museen geschlossen:
1. Jan. *New Years Day;* **1. Montag im Jan.** *Martin Luther King Day;* **3. Montag im Feb.** *Presidents' Day;* **26. März** *Prince Kuhio Day;* **letzter Montag im Mai** *Memorial Day*; **Karfreitag** *Good Friday;* **11. Juni** *Kamehameha Day;* **4. Juli** *Independence Day;* **3. Freitag im Aug.** *Statehood Day;* **1. Montag im Sept.** *Labor Day;* **2. Montag im Okt.** *Discoverers' Day;* **11. Nov.** *Veterans Day;* **4. Donnerstag im Nov.** *Thanksgiving Day;* **25. Dez.** *Christmas*

FESTE UND FESTIVALS

Ende Januar/Anfang Februar
Honolulu: *Chinesisches Neujahrsfest* mit Drachentanz und Feuerwerk

März
Beim *Honolulu Festival* Anfang des Monats zeigen viele ethnische Gruppen Tänze und Aufführungen. Dazu gibt's eine große Parade auf der Kalakaua Avenue in Waikiki.

April
Hilo: In der Woche nach Ostern wird in Gedenken an König Kalakaua das *Merrie Monarch Festival* mit großartigen Hula-Wettbewerben gefeiert; samstags bunte Parade. *www.merriemonarchfestival.org* Insider Tipp

Mai
Buddha Day: zum ersten Vollmond im Mai. Zu Buddhas Geburtstag werden auf allen Inseln die Tempel geschmückt und Zeremonien abgehalten.
Am 1. Mai ist *Lei Day* mit Blumenkränzen um praktisch alle Häupter und einem sehr beliebten Konzert der *Brothers Cazimero* in Waikiki.

> EVENTS FESTE & MEHR

Molokai: Traditionelles hawaiisches Essen und Hula-Tänze erleben Sie beim Insider Tipp *Molokai Ka Hula Piko,* bei dem Mitte des Monats der Entstehung des Hula gedacht wird.

Juni

Honolulu: Zum *Kamehameha Day* gibt's eine große Parade, und die Königsstatue versinkt im Blumenmeer.

King Kamehameha Hula Competition in Honolulu: Die besten Tänzer der Inseln treten Mitte Juni zum Wettstreit an.

Juli

Fast alle Orte Hawaiis veranstalten zum 4. Juli Partys und Paraden: herausragend an diesem Tag das Insider Tipp *Makawao Rodeo* auf Maui und das große ★ *Parker Ranch Rodeo* auf Big Island.

Im Juli auch: die farbenprächtigen *Bon Odori Festivals,* bei denen die Buddhisten mit Bontänzen und schwimmenden Laternen ihre Toten ehren, z.B. in Haleiwa auf Oahu, in Lahaina auf Maui oder Mitte August in Waikiki

August

Kailua-Kona: Das *Hawaiian International Billfish Tournament* ist das berühmteste Angelturnier der Inseln.

September

Anfang des Monats beginnen die ★ *Aloha Festivals,* die bis Mitte Oktober jeweils eine Woche *(Aloha Week)* nacheinander auf jeder Insel veranstaltet werden: Kanuregatten, Paraden und Tanzaufführungen.

Oktober

Kailua-Kona: ★ *Ironman Triathlon World Championships;* beim ältesten Triathlon der Welt messen sich die Athleten: 4-km-Schwimmen im Meer, 180-km-Radrennen und Marathonlauf (42 km).

November

Oahu: An den Stränden der Nordküste treffen sich die Profisurfer ab Mitte des Monats zum *Triple Crown of Surfing.*

> PACIFIC CUISINE UND EXOTISCHE FRÜCHTE

Frischer Fisch und die Rezepte der Einwanderer prägen die Küche Hawaiis

> Die Vielfalt und die Frische der Zutaten sind die größten Vorzüge der Küche Hawaiis. Von der Farm oder dem Hafen ist der Weg in die Restaurants denkbar kurz, und im ausgeglichenen tropischen Klima gedeiht schlechthin alles – und fast zu jeder Jahreszeit. Die Ranches von Big Island liefern saftige Steaks, seine Plantagen hervorragenden Kaffee. Von den Farmen im Hochland Mauis kommen herrlich milde Zwiebeln und von Molokai köstliche Melonen. Tropische Früchte, wie etwa Ananas, Papayen, Guaven, Mangos, Bananen oder Litschis, werden auf allen Inseln angebaut. Und sie schmecken viel aromatischer als jene, die nach einer gekühlten Reise um die halbe Welt in unseren Supermärkten zu haben sind.

Eine moderne hawaiische Nationalküche hat sich jedoch nie entwickeln können. Zu unterschiedlich waren die Einwanderergruppen, die von Asien, Europa und Amerika hierherkamen. So entstand ein buntes Mo-

ESSEN & TRINKEN

saik multikultureller Tafelfreuden: In Honolulu und auch in etlichen kleineren Orten können Sie exzellent chinesisch, japanisch, thailändisch oder koreanisch essen. Auch amerikanische Steakhäuser und Hamburgerläden sind selbstverständlich. Und auf italienische, französische oder sogar deutsche Küche brauchen Sie ebenfalls nicht zu verzichten.

Kulinarischer Trend auf den Inseln ist die *Pacific Rim Cuisine* – eine gelungene Verschmelzung französischer Küche mit Gewürzen aus dem Fernen Osten und tropischen Zutaten. Die gegenseitige Bereicherung der Cuisine von Ost und West hat mittlerweile sogar die Schnellrestaurants beeinflusst: Neben Hamburgern und japanischer Teriyakisauce gibt es Saiminnudeln auch beim allgegenwärtigen McDonald's.

Erklärungsbedürftig sind für Erstbesucher die Fischgerichte der Restaurants. Häufig werden nämlich auf der Speisekarte die Fische unter ihren hawaiischen Namen geführt – und auch die amerikanische Schreibweise ist manchmal irreführend. Der beliebteste Fisch Hawaiis, der *mahimahi*, wird zum Beispiel im Amerikanischen *dolphin* genannt. Doch damit ist nicht etwa das intelligente Meeressäugetier gemeint, sondern eine wohlschmeckende Goldmakrele, häufig in Macadamianüsse gebettet.

Das flüssige Südseeerlebnis beginnt meist an der Hotelbar, am Swimmingpool oder unter Palmen

> SPEZIALITÄTEN

Genießen Sie die typisch hawaiische Küche!

banana-nut pancakes – Pfannkuchen mit Banane-Nuss-Füllung

clam or fish chowder – sämige Muschel- oder Fischsuppe

filet mignon – Filetsteak

French toast – Brotscheiben in Eihülle (arme Ritter)

garlic mashed potatoes – Kartoffelbrei mit Knoblauch

hash browns – geraspelte Bratkartoffeln

haupia – Kokospudding

kalua pig – polynesisch: im Erdofen gebackenes Schweinefleisch

kumu – Meerbarbe

laulau – in Ti- oder Bananenblättern gedünstetes Fleisch

lilikoi – Passionsfrucht

mahimahi with macadamia crust – gebackene Goldmakrele in einer Kruste von Macadamianüssen

mano – Haifisch

pineapple spears – Ananasspieße, beliebt zum Frühstück

plate lunch – hawaiischer Mittagstisch: Reis oder Makkaronisalat, *kalua pig*, Rippchen oder Fisch

poi – typisch polynesisch: ein dicker Brei aus der tropischen Tarowurzel (Foto)

pupus – Vorspeisen wie die typisch amerikanischen *chicken wings*, frittierte *popcorn shrimps, onion rings* oder hawaiischer *lomilomi salmon,* also marinierter Lachs

onaga – Meeresfisch (Red Snapper)

ono – eine Makrelenart

opakapaka – Meeresfisch (Blue Snapper)

saimin – würzige Suppe mit dicken Nudeln (japanisch)

scallops – Jakobsmuscheln

seared ahi in wasabi sauce – Gelbflossen-Thunfisch, scharf angebraten, mit japanischer Meerrettich-Sojasauce

squash – kleine Kürbisart

taro chips – kross gebackene Taroscheiben

am Strand. Zur *Happy Hour* (zwei Drinks zum Preis von einem) zwischen 17 und 19 Uhr können Sie die berühmten tropischen Drinks günstig testen: Der *Mai Tai* wird aus Limonensaft, Rum, Orange, Curaçao und Zuckersirup gemixt, der *Blue Hawaiian* aus Rum, blauem Curaçao und Ananassaft und die *Piña Colada* aus Rum, Kokosmilch und Ananasstückchen. Und wenn Sie nun noch all die süßen anderen Verführungen zig verschiedener Mixturen durchprobieren sollten, werden Sie mit dickem Kopf am nächsten Morgen dem Alkohol abschwören. Versuchen Sie zur Abwechslung auch die antialkoholischen Fruchtdrinks, die sehr lecker sind.

Zum Abendessen ist Wein zu empfehlen, denn es sind meist ganz vorzügliche kalifornische Weine, die in den besseren Restaurants Hawaiis auf den Tisch kommen. Dem bekannten Schunkelsong zum Trotz: Es gibt doch Bier auf Hawaii. Dünnes amerikanisches und viele Sorten importierter Biere.

Authentisch hawaiische Speisen werden Sie am ehesten bei einem *luau,* dem traditionellen Festessen der Hawaiianer, kennenlernen. Entweder bei einem Hotel *Luau*, das für Touristen ausgerichtet wird, und bei dem die Speisen häufig westlichem Geschmack angepasst werden, oder – mit viel Glück – privat in einer hawaiischen Familie. Das Hauptgericht eines *luau* ist immer *kalua pig,* Schwein im Erdofen *(imu)* gebacken, was viel Vorbereitung und 4 bis 8 Stunden Garzeit erfordert. Für den Ofen werden in einer Grube Lavasteine im Feuer zum Glühen gebracht, dann wird das ganze Schwein mit feuchten Bananen- und Ti-Blättern (beliebte hawaiische Strauchpflanze) umwickelt und in der abgedeckten Grube gedünstet.

„Poi" ist ein typisches Gericht, das aus der Knolle der Taro-Pflanze zubereitet wird

In den meisten Restaurants bekommen Sie einen Tisch zugewiesen. Ein Schild am Eingang zeigt dies an: *Please wait to be seated.* Die Preise auf der Speisekarte enthalten weder Trinkgeld *(tip)* noch die Steuer *(tax).* Auf der Rechnung wird dann die Steuer ausgewiesen, das Trinkgeld (etwa 15 Prozent) lässt man auf dem Tisch liegen.

KUNST UND KITSCH IM ÜBERFLUSS

Ohne Hawaiihemd kommen Sie nicht davon, und es gibt noch mehr

> Das Urlaubsziel Hawaii ist sicherlich keine Shoppingreise wert, denn die Preise liegen generell rund 15–20 Prozent höher als auf dem amerikanischen Festland. In den Märkten, Galerien und Malls der Inseln findet man aber durchaus hübsche Mitbringsel, Kunsthandwerk und typisch hawaiisches Design. Als Erstes braucht der Mann ein original Hawaiihemd *(Aloha shirt)*, die Dame ein *Muumuu*. Dieses bunte, luftige Wickelgewand ist ideal für das tropische Klima und am Strand wie in der Stadt gut zu tragen. In Hawaii können Sie in den mit bunten Blumenmustern bedruckten Gewändern durchaus auch abends ausgehen. Noch ein Tipp: Echte Hawaiihemden sind aus Baumwolle oder Reyon mit Knöpfen aus Holz oder Kokosschale.

Die besten Einkaufsmöglichkeiten bietet Honolulu. Schmuck, billige T-Shirts und touristischen Nippes finden Sie vor allem entlang der Kalakaua Avenue von Waikiki, etwa im *Royal Hawaiian Shopping Center*, der *Waikiki Shopping Plaza* oder im *International Marketplace*, einem quirligen Freiluftmarkt rings um einen riesigen Banyanbaum. Noch größer ist die Auswahl in den beiden Einkaufszentren zwischen der Innenstadt Honolulus und Waikiki, dem *Ala Moana Shoppingcenter* mit rund 200 Boutiquen, Restaurants und Kaufhäusern und dem *Ward Warehouse*.

Überall präsent sind in Waikiki auch Nobelboutiquen mit Designermode aus Italien und Frankreich. Die Angebote in diesen Edelläden wenden sich vor allem an Touristen aus Asien, wie Preisschild und Stil oft zeigen.

DEKO & SCHMUCK

Doch was sind die typischen Erzeugnisse der Inseln? Keine kitschigen Hula-Puppen, auf denen dann unten steht *Made in the Phillipines*. Hochwertiger Schmuck zum Beispiel aus glänzendem Lavastein (Peles Tränen) oder mit schwarzem Email verziert *(heirloom jewellery)*. Auch vergoldete Frangipani-Blüten *(plumeria)* und Blätter hawaiischer Flora sehen sehr gut aus oder traditionelles Kunsthand-

> EINKAUFEN

werk wie Schalen aus dunklem *Koa*-Holz oder *Lei*-Ketten aus Nüssen, polierten Samenkörnern oder den winzigen Schneckenmuscheln von der „verbotenen Insel" Niihau. Dekorativ sind auch bemalte polynesische *Tapa*-Rinden als Wandbehänge, die heute meist aus Samoa und Tonga kommen.

Aus der Zeit der Walfänger stammt eine andere Kunstform: die *scrimshaws,* Bilder von Schiffen und anderen maritimen Motive, die von den Seeleuten einst in mühseliger Feinarbeit in Walzähne oder Walrosselfenbein geritzt wurden. Heute wird als Rohmaterial für die *scrimshaws* meist fossiles Mammut-Elfenbein aus Alaska oder Sibirien verwendet. Ebenfalls häufig angeboten werden in den Galerien Aquarelle und Ölgemälde mit hawaiischen Motiven. Doch Vorsicht: Vieles davon ist kitschige Massenware. Gute Adressen für authentisches Kunsthandwerk sind die Läden in den Museen. Dort finden Sie oft auch eine reichhaltige und gute Auswahl von CDs mit hawaiischer Musik.

KULINARIA & CO.

Preiswerte Mitbringsel liefert die Natur Hawaiis: Marmelade aus Guaven oder Passionsfrüchten, rötliches Meersalz von Kauai, aromatischen Kona-Kaffee von Big Island (er wird nur auf Hawaii kultiviert und produziert) und Macadaminanüsse, die auch mit Schokoladenüberzug verkauft werden.

Ein Tipp für die Rückreise: An den Flughäfen bekommen Sie fertig in flug- und zolltaugliche Schachteln verpackt frische Ananas und Papayas. Zwei bis drei Tage Flugreise überstehen die Früchte gut – und sie sind ein leckeres Mitbringsel. Auch die günstigen und originellen hawaiischen Ti-Pflanzen bekommen Sie als kleine Aststückchen fertig für den Export. Sie sind gut im Fluggepäck zu verstauen und sprießen später auf der heimischen Fensterbank zu einem üppigen Blätterbüschel heran.

Nicht einführen dürfen Sie dagegen Korallen (auch Schmuck) und viele Muschelarten – sie fallen unter das Washingtoner Artenschutzabkommen.

> METROPOLE DER SÜDSEE

Das Traumziel für Millionen Badeurlauber ist zugleich eine quirlig-moderne Großstadt

KARTE IN DER HINTEREN UMSCHLAGKLAPPE

Für die meisten Besucher ist Honolulu [127 D5] das erste – und für viele das einzige – Ziel, das sie auf Hawaii ansteuern. Die Hauptstadt des Staates an der Südküste von Oahu, der drittgrößten Insel des Archipels, ist eine moderne Metropole, die mit knapp 380000 Einwohnern und gut 900000 Menschen im Großraum sogar als die größte Stadt im Pazifik gilt.

Trotz Hochhäusern und Baderummel bietet Waikiki den idealen Einstieg für Hawaii. Waikiki, dieser klangvolle, glamouröse Badevorort Honolulus mit weißem Sandstrand und türkis schimmerndem Wasser. Der Rummel in den Straßen ist für einige Tage amüsant, und die Nähe der Stadt stört keineswegs, sondern schafft Urlaubsabwechslung. Bei genauerem Hinsehen mischen sich dort sehr reizvoll die Elemente des alten

Bild: Abendstimmung am Waikiki Beach

HONOLULU & WAIKIKI

Königreichs Hawaii mit denen einer modernen Großstadt im Schnittpunkt von Asien und Amerika. Und nicht zu vergessen die üppige tropische Vegetation, die der Stadt ihren exotischen Blütenkranz aufsetzt.

Honolulu bedeutet geschützte Bucht, und es war die große Hafenbucht am Westrand der heutigen Innenstadt, die eine Metropole entstehen ließ, wo einst nur einige Hütten des hawaiischen Inselkönigs standen.

Die moderne Geschichte Honolulus begann vor rund 200 Jahren, als Kamehameha I. im Jahr 1795 die Insel angriff und die verteidigenden Krieger – so die Sage – über die steilen *Nuuanu Pali Cliffs* in die Niederlage stürzte. Später regierte er sein geeintes Inselreich von Waikiki aus.

Bald liefen Handelsschiffe und Walfänger in die nahe gelegene Bucht ein, die ersten Weißen ließen sich nieder, und es entstand eine An-

Polynesische Figur im Bishop Museum

siedelung, die schließlich 1845 zur Hauptstadt Hawaiis wurde. Seither ging es stetig bergauf. Der Name *Oahu* bedeutet Sammelplatz, und dies gilt vor allem für die einzige Stadt der Insel, Honolulu. Die Einwanderer kamen aus Amerika und Europa und vor allem aus Asien. Wie in keiner anderen Stadt der Welt mischen sich hier die Ethnien in allen Schattierungen – und leben ausgesprochen friedlich miteinander.

Die wichtigsten Wirtschaftszweige Honolulus sind Tourismus und Militär. Im Westen der City liegt das große Hafengebiet, in den tropisch grünen Hügeln der *Koolau Range* über der Innenstadt finden sich gepflegte Wohnviertel. Touristischer Nabel Honolulus – und der ganzen hawaiischen Ferienwelt – aber ist der östlich gelegene Vorort *Waikiki.* In Waikiki ist zu Fuß oder mit einer kurzen, preiswerten Taxifahrt jedes Ziel schnell zu erreichen. In die Innenstadt von Honolulu gelangen Sie sehr gut mit dem Stadtbus oder auch mit dem *Waikiki Trolley,* einem originellen Gefährt, das im 15-Minuten-Takt zwischen allen wichtigen Attraktionen verkehrt.

SEHENSWERTES

ALOHA TOWER [U D–E4]

Der zehnstöckige Turm ist seit 1926 das Wahrzeichen für den Hafen Honolulus und bietet einen fabelhaften Blick über Stadt und Meer *(kostenloser Aufzug zur Aussichtsplattform).* Zu Füßen des Turms lockt ein modernes Shoppingcenter mit Boutiquen, guten Restaurants und Bars. An den Piers um den Turm legen die Boote für die Dinner-Cruises ab.

Dank mehrerer Trendlokale und einer Kleinbrauerei ist auch abends hier häufig Action angesagt. *Tgl. 9–21 Uhr | Pier 9 am Fuß der Fort Street | kostenloser Trolleybus von den Hotels in Waikiki*

BERETANIA STREET [U E4-5]

Im Stadtzentrum finden Sie um die King Street und an der Kreuzung von Beretania Street und Punchbowl Street die meisten der politisch und geschichtlich interessanten Bauten. Beginnen Sie auf der bergwärts gewandten Seite der Beretania Street: Hier steht der *Washington Place,* ein großer, weißer Bau im Kolonialstil, der heute Sitz der hawaiischen Gouverneurin ist. Dahinter ragt der normannisch anmutende Turm der *St. Andrew's Cathedral* auf, die 1867 aus englischem Sandstein gebaut wurde. An der Meerseite der Beretania Street geht es weiter mit dem Parlamentsgebäude des Staates: Das 1969 erbaute *State Capitol* soll in seiner Architektur an den vulkanischen Ursprung Hawaiis erinnern, die Säulen symbolisieren Königspalmen. Vor dem Gebäude steht ein Denkmal für den Missionar Pater Damien, der aufopferungsvoll Leprakranke pflegte. Hinter dem State Capitol liegt der *Iolani Palace,* und dahinter – vor dem alten Gerichtsgebäude – thront in beherrschender Pose die schwarzgoldene *Statue von König Kamehameha I.,* die zu seinem Jubeltag im Juni über und über mit Blumenkränzen geschmückt wird.

BISHOP MUSEUM ★ [U D4]

Dies ist unbestritten das beste Museum für hawaiische Kultur und eine berühmte Forschungsstätte für polynesische Völkerkunde. Die Prunkstücke der Sammlung – kostbare Federhelme und Umhänge einstiger Könige – befinden sich in der Hawaiian Hall. Auch Fauna und Flora der Inseln werden im Museum ausgestellt, und im neuen *Science Center* erleben Sie sogar einen ausbrechenden Vulkan. Im angeschlossenen *Planetarium* werden die Navigationskünste der Polynesier anhand der Sterne

MARCO POLO HIGHLIGHTS

★ Bishop Museum
Das interessanteste Museum Hawaiis (Seite 33)

★ Chinatown
Wuselnde Massen, bunte Märkte und pralles Leben im Herzen der City (Seite 34)

★ Iolani Palace
Amerikas einziger Königspalast – ein Rokokoschlösschen wie aus dem Bilderbuch (Seite 35)

★ Hau Tree Lanai
Romantisch zu zweit beim Dinner am Meer mit Kerzenlicht (Seite 37)

★ Sheraton Moana Surfrider
Perfekt restauriert: das schönste Traditionshotel von Waikiki (Seite 40)

★ Nuuanu Pali Lookout
Nur für Schwindelfreie: grandioser Blick über die steil abfallende Küste (Seite 43)

erklärt. Ausgezeichneter Museumsladen. *Tgl. 9–17 Uhr | Hula-Shows tgl. 11 und 14 Uhr | Eintritt 15,95 $ | 1525 Bernice St. | www.bishopmuseum.org*

Goldgeschmückte Statue des ersten Königs der Inseln: Kamehameha I.

CHINATOWN ★ **[U E4]**

Seit etwa 1850 leben Chinesen auf Hawaii, und bald entstand in Honolulu rund um die Maunakea und die Hotel Street ein eigenes Chinesenviertel. Bis heute ist es einer der buntesten und quirligsten Stadtteile, in dem mittlerweile auch Thais, Vietnamesen und Philippiner ihren Platz gefunden haben. Ein Bummel durch die offenen Märkte an der King Street ist ein Fest für die Sinne: Exotische Früchte werden verkauft, in kleinen Garküchen brodelt es in den Töpfen, und in duftenden Lädchen werden geheimnisvolle Medizinmixturen angeboten. Auf lange Tradition blicken die Lei-Geschäfte im Nordteil der Maunakea Street zurück, wo geschickte Frauenhände bunte Blüten zu Kränzen binden. Die quer zur Maunakea Street verlaufende ▶▶ Hotel Street war lange das Zentrum des Rotlichtviertels am Hafen und hat in den letzten Jahren mit neuen Nachtclubs eine Renaissance in der jungen Szene erlebt.

THE CONTEMPORARY MUSEUM **[U F4]** Insider Tipp

Eine Kunstoase in den Hügeln über der Stadt: herrlicher Skulpturengarten, nettes Café und als Schmuckstück David Hockneys Bühnenbildinstallation *L'enfant et les sortilèges. Di–Sa 10–16, So 12–16 Uhr | Eintritt 5 $ | 2411 Makiki Heights Dr. | www.tcmhi.org*

FOSTER BOTANICAL GARDEN **[U E4]**

Einer der schönsten botanischen Gärten des Staates und hübsche Oase im Herzen der Stadt. 60 000 m² Parkanlagen, bereits 1853 von einem deutschen Arzt gegründet, mit mehr als 4000 tropischen Bäumen, Orchideen und Farnen. *Tgl. 9–16 Uhr | Führungen werktags 13 Uhr | Eintritt 5 $ | 50 N Vineyard Blvd.*

Nahe dem Eingang zum Garten liegt der *Kuan Yin Temple,* ein farbenprächtiger buddhistischer Tem- Insider Tipp pelbau mit Opferaltären und geschnitzten Statuen. Besucher sind willkommen.

HAWAII MARITIME CENTER [U E5]

Das Schifffahrtsmuseum dokumentiert die Geschichte des Walfangs und die Erschließung des Pazifiks. Auf dem Freigelände ist die *Falls of Clyde* zu sehen, ein 1878 in Schottland gebauter Viermaster, der früher zwischen San Francisco und Hawaii segelte. Manchmal ankert hier auch die *Hokulea,* ein nach alter Überlieferung gebauter polynesischer Katamaran. *Tgl. 8.30–17 Uhr | Eintritt 7,50 $ | Pier 7 | Honolulu Harbor*

HAWAII STATE ART MUSEUM [U E4]

Gleich gegenüber dem Iolani Palace gelegen: Kunst einheimischer Maler und Bildhauer aus den letzten 50 Jahren. *Di–Sa 10–16 Uhr | Eintritt frei | 250 S Hotel St.*

HONOLULU ACADEMY OF ARTS [U E5]

Der kulturelle Nabel Hawaiis: In der 1927 gegründeten Kunstgalerie sind in erster Linie die hervorragenden Sammlungen japanischer, koreanischer und chinesischer Werke sehenswert, daneben aber auch die moderne hawaiische Kunst. Sehr gutes Lunchcafé. *Di–Sa 10–16.30, So 13–17 Uhr | Eintritt 10 $ | 900 S Beretania St. | www.honoluluacademy.org*

IOLANI PALACE ★ [U E4]

Der 1882 erbaute, reich verzierte und sehr fotogene Palast in hawaiischem Rokokostil war die Residenz von König Kalakaua, der als „Merry Monarch" bekannt wurde. Ausstellungen über die Monarchie mit deren In-

> LOW BUDGET

- Mit dem *Vier-Tages-Pass* für 20 $ dürfen Sie in Honolulu und Waikiki das gesamte Nahverkehrsnetz von *The Bus* benutzen – sogar rund um Oahu. Ein echter Deal. Zu kaufen in allen ABC-Läden in Waikiki. Fahrpläne: *www.thebus.org*
- Auf Schnäppchenjagd in die *Waikele Outlet Mall:* Discount-Mall mit Klamotten, Schuhen und vielem anderen zu Billigstpreisen. Ein Shuttlebus fährt von den Hotels in Waikiki zur Mall östlich von Pearl Harbor.
- Die billigsten Mahlzeiten finden Sie in Waikiki wie auch Honolulu in den zahlreichen *Saimin*-Lokalen: japanische Schnellrestaurants, die große Teller von Nudelsuppe mit Einlage zu Preisen unter 10 $ sowie oft auch Sushi servieren. Sehr beliebt auch bei jungen japanischen Touristen.
- Das stilvollste Plätzchen für einen Drink ist das legendäre *Halekulani Hotel.* Vor der Kulisse von Palmen und Strand gibt es gratis eine authentische Hula-Darbietung dazu. Romantik pur für den Preis eines Drinks. *Tgl. 17–20.30 Uhr | 2199 Kalia Rd.*
- Einige kostenlose Veranstaltungen finden nur einmal im Monat statt – es lohnt sich, bei der Concierge nachzufragen. Beispiele: im *Shore Bird Restaurant* des *Outrigger Reef Hotels* ist jeden zweiten Sonntag im Monat *Steel Guitar Sunday,* eine Jam-Session. Und jeden ersten Freitag im Monat halten abends in der Innenstadt zum *First Friday Hawaii* die Kunstläden ihre Türen für Vernissagen offen. Info: *www.firstfridayhawaii.com*

signien wie Federhauben oder Schmuck. *Di–Sa 9–16 Uhr | Eintritt 6 $, mit Führung über alle 3 Etagen 20 $ | S King St./Richards St.*

KAWAIAHAO CHURCH **[U E5]**
Unbedingt sehenswert, auf der Ostseite der Punchbowl Street, ist die geschichtsträchtige Kawaiahao

Für viele Touristen das erste und einzige Ziel: Palmen, Sand und Meer am Waikiki Beach

Church. In der 1842 aus Korallengestein erbauten Kirche wurden hawaiische Häupter gekrönt, und König Lunalilo liegt hier begraben. Beim sonntäglichen Gottesdienst um 9 Uhr

Insider Tipp singt der Chor noch heute in hawaiischer Sprache. Nebenan wurden die restaurierten Häuser der ersten Missionare in ein *Museum* umgewandelt *(Di–Sa 10–16 Uhr | Eintritt 10 $)*.

NATIONAL MEMORIAL CEMETARY OF THE PACIFIC **[127 D5]**
Der schönste Blick über Honolulu und Waikiki ist kostenlos: Der Friedhof im Norden von Downtown Honolulu liegt in einem alten Vulkan, und vom Kraterrand aus bietet sich ein großartiges Panorama über die City *(2177 Puowaina Dr)*. Hinter dem Krater beginnt der *Tantalus Drive*, eine kurvige Bergstraße durch Dschungelwälder und zu weiteren schönen Ausblicken.

WAIKIKI **[U E–F 5–6]**
Ausgangspunkt aller Touren ist Waikiki, das der *Ala Wai Canal* vom übrigen Stadtgebiet trennt. In Waikiki selbst sind die Sehenswürdigkeiten dünn gesät: An den Hauptstraßen *Ka-*

lakaua Avenue und *Kuhio Avenue* drängen sich Hotels und Läden so dicht, dass kaum anderes Platz findet. Dennoch: Ein Bummel über den *International Marketplace* muss sein wie auch entlang der jüngst verschönerten Strandpromenade am *Kuhio Beach.* Derzeit wird der Bezirk um den *Beach Walk* neu gestaltet. Im 1 km^2 großen, gepflegten *Kapiolani Park* [U F6] am Ostende Waikikis liegen der *Honolulu Zoo* und das kleine, aber höchst interessante *Waikiki Aquarium,* das das Leben in den hawaiischen Gewässern anschaulich zeigt. Unter den Tieren sind seltene hawaiische Mönchsrobben, Meeresschildkröten und Riesenmuscheln.

ESSEN & TRINKEN

CASSIS [U E4]

Schickes Bistro und Weinbar im Zentrum der Altstadt. Französisch-hawaiische Küche mit Spezialitäten wie Salade Niçoise mit frischem Thunfisch. Mi–Sa abends Live-Jazz. *66 Queen St. | Tel. 545-81 00 |* €€

CHEF MAVRO [U E5]

Ein Stern am Gourmethimmel Honolulus. Chefkoch George Mavrothalassitis verbindet gekonnt französische mit hawaiischer Küche. *1969 S King St. | Tel. 944-47 14 |* €€€

CIAO MEIN [U F5]

Klingt verrückt: eine Mischung aus italienischer und chinesischer Küche! Schmeckt aber gut, z. B. Auberginen auf Szechuan-Art. Jeden Samstag nach 21.30 Uhr wird das Lokal zum Szeneclub ▶▶ Feng Shui. *Im Hyatt Regency Waikiki | 2424 Kalakaua Ave. | Tel. 923-24 26 |* €€–€€€

DUKE'S CANOE CLUB [U E5]

Angenehmes Strandrestaurant mit prima Steaks und frischem Fisch. Schöne Terrasse, gutes Frühstücksbuffet. Zum Sunset ist die Bar der heiße Treff. *Im Outrigger Waikiki Hotel | 2335 Kalakaua Ave. | Tel. 922-22 68 |* €€

HAU TREE LANAI ★ [U F6]

Sehr stimmungsvolles Restaurant auf einer Terrasse am Meer unter dem üppigen Grün eines Haubaumes. Die Küche serviert guten Fisch *(Ahi)* und experimentiert mit asiatischen Gewürzen. Auch schön zum Frühstück. *Im Kaimana Beach Hotel | 2863 Kalakaua Ave. | Tel. 921-70 66 |* €€€

HOOTERS ▶▶ [U E4]

Quirliges Hafenlokal direkt am Pier mit jungem Publikum, guten Shrimps und dicken Burgern. Dazu fließt viel eiskaltes Bier aus dem Fass. (Einige Schritte weiter liegt am Ende des Piers die etwas gediegenere *Gordon Biersch Brewery* mit schöner Terrasse.) *Im Aloha Tower Marketplace | Pier 9 | keine Reservierung |* €–€€

HULA GRILL [U F5]

Ideal für ein ruhiges, romantisches Dinner mit Meerblick zu vernünftigen Preisen. Dekor im Stil eines alten hawaiischen Strandhauses. *2335 Kalakaua Ave. | Tel. 923-48 52 |* €€

INDIGO [U E4]

Kreative Pacific-Rim-Cusine in einem eleganten Szenelokal in Chinatown. Ab 22 Uhr Nightclub mit Livemusik. *1121 Nuuanu Ave. | Tel. 521-29 00 |* €€

ONO HAWAIIAN FOODS [U F5]

Einfaches Lokal etwas außerhalb von Waikiki mit hawaiischer Kost: *kalua pig, lauau, plate lunches*. Gut für mittags, abends nur bis 19.45 Uhr. *726 Kapahulu Ave. | Tel. 737-22 75 | €*

TIKI'S GRILL & BAR [U F5]

Sehr im Trend: Bar und Restaurant auf einer Terrasse im Waikiki Beach Hotel mit Blick aufs Meer. *2570 Kalakaua Ave. | Tel. 923-84 54 | €€*

WARD CENTRE [U E5]

Im Obergeschoss des Einkaufszentrums haben sich wie nebenan im *Ward Warehouse* zahlreiche Restaurants angesiedelt. Sehr zu empfehlen sind z. B. das mexikanische *Compadres (Tel. 591-83 07 | €€)* oder das schicke *Kincaid's Fish, Chop & Steak House (Tel. 591-20 05 | €€)*. Abends sehr beliebt ist die Braukneipe *Brew Moon (Tel. 593-00 88 | €). 1050 und 1200 Ala Moana Blvd.*

EINKAUFEN

Sonnenöl, Postkarten und andere Gebrauchsartikel stapeln sich in den zahlreichen *ABC-Stores* von Waikiki. Schmuck, günstige T-Shirts und andere Mitbringsel gibt's in der Kalakaua Avenue, etwa im *International Market Place* [U F5], einem quirligen Freiluftmarkt unter einem riesigen Banyanbaum. Designerboutiquen warten gegenüber im *Royal Hawaiian Shoppingcenter* [U E5] und nebenan in *The Galleria*. Größere Auswahl und bessere Preise bieten die Shoppingcenter zwischen Waikiki und Downtown Honolulu: das riesige *Ala Moana Center* [U E5] sowie das *Ward Center* [U E5] mit seinen vielen Spezialgeschäften.

ÜBERNACHTEN

AQUA WAIKIKI WAVE

Schickes, kleines Stadthotel im Herzen von Waikiki. Modern gestylt mit eigenem Spa und beliebter Sportsbar. *247 Zi. | 2299 Kuhio Ave. | Tel. 922-12 62 | €€ (andere Hotels der Aqua-Kette sind zu buchen unter Tel. 866/406-27 82)*

BEBACK HAWAII

Die deutsche Auswanderin Brigitte Bacchus vermittelt mit ihrer Reiseagentur günstige B&B-Inns, Hotels und Pensionen. Postalisch, telefonisch oder elektronisch zu erfragen:

HEIRATEN AUF HAWAII

Sie dürfen die Braut jetzt küssen ...

Ein Jawort auf dem Vulkan gefällig oder lieber bei Meeresrauschen unter Palmen? Die Traumhochzeit ist auf Hawaii leicht zu verwirklichen: Sie benötigen nur einen Reisepass und eine 60-Dollar-Lizenz vom *State Department of Health, Marriage Licence Office* in Honolulu *(1250 Punchbowl St. | Tel. 586-45 45 | www.hawaii.gov/health)*. Zahlreiche *Wedding Planners* auf Hawaii haben sich auf Hochzeitsarrangements spezialisiert (siehe Szene). Infos erhalten Sie im Reisebüro oder in den Hotels. Zur Anerkennung der Ehe in Europa benötigen Sie dann eine Apostille *(certified marriage certificate)*.

HONOLULU & WAIKIKI

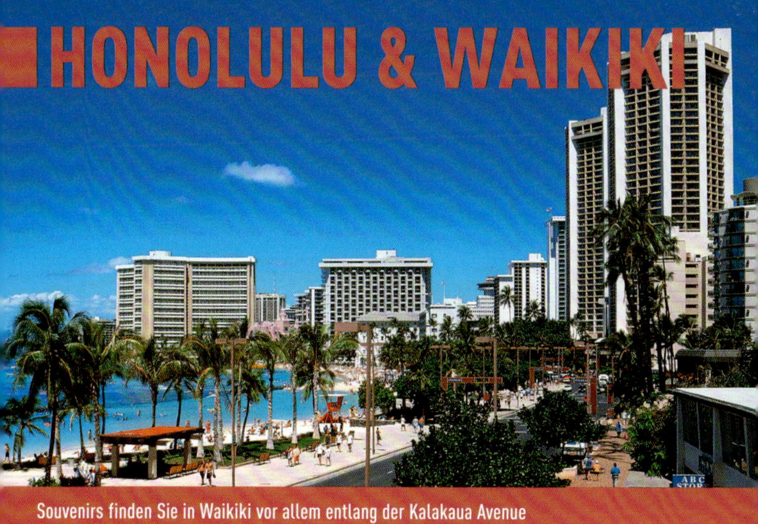

Souvenirs finden Sie in Waikiki vor allem entlang der Kalakaua Avenue

3429 Kanaina Ave. | *Tel. 732-66 18* | *www.beback.com*

HALEKULANI [U E5]

Das Traditionshaus direkt am Strand hat durch Renovierungen seinen Status als das beste Hotel Waikikis gut halten können. Gediegene Atmosphäre und perfekter Service für betuchtes Publikum. *456 Zi.* | *2199 Kalia Rd.* | *Tel. 923-23 11* | *www.halekulani.com* | €€€

HILTON HAWAIIAN VILLAGE [U E5]

Eine Stadt in der Stadt: riesige Hotelanlage mit fast 3000 Zimmern, Shoppingcenter und einem der schönsten Strandabschnitte von Waikiki. *2005 Kalia Rd.* | *Tel. 949-43 21* | *www.hiltonhawaiianvillage.com* | €€€

NEW OTANI KAIMANA BEACH [U F6]

Das kürzlich renovierte Hotel am Ostende des Kapiolani-Parks liegt etwas abgelegen vom Trubel und besitzt einen schönen Strand direkt vor der Tür. Die Zimmer sind relativ klein, aber man hat einen herrlichen Blick über Waikiki. Restaurants und Läden sind direkt im Haus. *124 Zi.* | *2863 Kalakaua Ave.* | *Tel. 923-15 55* | *www.kaimana.com* | €€

OUTRIGGER/OHANA HOTELS [U E–F5]

Outrigger ist die größte Hotelkette Hawaiis mit mehr als 20 Häusern allein in Waikiki, die meisten davon in mittlerer Preislage. Zwei der Hotels, das *Outrigger Waikiki* und das *Outrigger Reef (beide €€€)*, liegen direkt am Strand. Die übrigen, preisgünstigeren Häuser heißen *Ohana Hotels* und liegen einige Straßen zurückgesetzt vom Strand im Herzen von Waikiki, so etwa das *Ohana Waikiki West*, das *Ohana Waikiki Malia* oder das *Ohana East (alle €€)*. Zentrale Buchungsstelle: *Outrigger/Ohana Hotels* | *3443 S Galena St.* | *Denver* | *Tel. 800-688-74 44 oder 303-369-77 77* | *www.outrigger.com, www.ohanahotels.com*

RESORTQUEST WAIKIKI BANYAN [U F6]

Große Apartmentanlage, nur eine Straße vom Strand entfernt; Wohn-

und Schlafzimmer, voll eingerichtete Küche und Balkon. Swimmingpool, Tennis. *876 Zi. | 201 Ohua Ave. | Tel. 922-05 55* | €€–€€€

Zur Resortquest-Kette gehören in Waikiki noch weitere Hotels und Apartmenthäuser in allen Preislagen, von denen hier nur einige aufgeführt sind: z. B. das einfache *Resortquest Waikiki Circle (€)* und das sehr schön renovierte *Resortquest Waikiki Beach Hotel (€€€)*. Zentrale Reservierungsstelle für alle: *Tel. 877/997-66 67 | www.resortquesthawaii.com*

ROYAL GROVE [U F5]

Kleines, sehr persönlich geführtes Hotel nur zwei Straßen vom Strand. Die 87 Zimmer sind einfach, aber sauber. *151 Ulunui Ave. | Tel. 923-76 91 | www.royalgrovehotel.com* | €

ROYAL HAWAIIAN [U E5]

Das berühmteste Hotel Waikikis ist ein Plüschtraum in Pink. Auch wenn Sie nicht dort wohnen, ist es unbedingt sehenswert, und das erst recht für einen Drink an der Strandbar oder ein stimmungsvolles *luau* am Abend. Große Renovierung Ende 2008. *526 Zi. | 2259 Kalakaua Ave. | Tel. 923-73 11 | www.royal-hawaiian.com* | €€€

Insider Tipp

SHERATON MOANA SURFRIDER ★ [U E5]

Das 1901 erbaute Strandhotel ist die große alte Dame von Waikiki, ein Palasthotel im Kolonialstil. 1989 wurde es detailgetreu restauriert und gehört nun wieder zu den besten Häusern der Stadt. Besonders schön und mit Kolonialflair: ein Drink zum Sonnenuntergang in dem von einem großen Banyanbaum überschatteten Innenhof. *793 Zi. | 2365 Kalakaua Ave. | Tel. 922-31 11 | www.moana-surfrider.com* | €€€

WAIKIKI BEACHSIDE HOSTEL [U F5]

Backpacker-Hostel im Osten von Waikiki. Nur eine Straße vom Strand entfernt mit 50 Privatzimmern. *2556 Lemon Rd. | Tel. 923-95 66 | www.waikikibeachsidehostel.com* | €

AM ABEND

BAR 35 ▶▶ [U E4]

Ultra-cooler Szenetreff mitten im alten Nightlife-Viertel Honolulus in Chinatown, wo schon vor 60 Jahren die Matrosen becherten. *Mo–Sa 16–2 Uhr | 35 North Hotel St.*

HARD ROCK CAFÉ ▶▶ [U E5]

Wie bei der Rockkette üblich ist das mit Starträdel dekorierte Lokal ein Jugendtreff. Das zugehörige T-Shirt wird zu Hause Neid erregen. *1837 Kapiolani Blvd.*

HULA'S BAR & LEI STAND [U F6]

Großer, beliebter Szenetreff mit Pooltischen, Videoschirmen und heißer Diskomusik. Viel schwule Klientel; manchmal Livebands. *Tgl. 10–2 Uhr | im Waikiki Grand Hotel | 134 Kapahulu Ave. | Tel. 923-06 69 | Veranstaltungskalender und Livewebcam unter www.hulas.com*

LEWERS LOUNGE [U E5]

Gediegene Atmosphäre und hervorragende Drinks. Dazu meist ab 20.30 Uhr werktags guter Jazz, an Wochenenden andere Musik-Combos. Auf der Terrasse am Meer lässt sich zuvor der Sonnenuntergang genießen. *Im Halekulani Hotel | 2199 Kalia Rd.*

RUMOURS [U E5]
Beliebter Tanzclub im *Ala Moana Hotel.* Elegante Atmosphäre, das Publikum liegt zwischen 30 und 50 Jahren. *Di/Mi 17–24, Do–Sa bis 4 Uhr | 410 Atkinson Dr.*

SUNSET ON THE BEACH [U F6]
Kostenloses Openairkino direkt am Strand von Waikiki. Kinovorführungen meist jedes 2. und 3. Wochenende des Monats. *Sa/So ab Sonnenuntergang | Auskunft bei der Hotelconcierge*

VICTORIA WARD ENTERTAINMENT CENTER [U E5]
Großer Unterhaltungskomplex mit 16 Kinos, gut zwei Dutzend Bars und Restaurants in den Ward Centers ringsum. *So–Do bis 24, Fr/Sa bis 2 Uhr | Auahi/Kamakee Sts.*

WONDER LOUNGE [U F6]
Schicker Szenetreff am Wochenende in der Bar des *W-Hotels* am Ostende von Waikiki. *Fr/Sa 21–2 Uhr | 2885 Kalakaua Ave.*

THE YARD HOUSE ▶▶ [U F5]
Sehr beliebtes Partylokal an der Flaniermeile *Beach Walk* – angeblich mit der größten Bierauswahl der Welt. *Tgl. 11 1 Uhr, Happy Hour 14–17 Uhr | 226 Lewers St.*

FREIZEIT & SPORT

An den *Activity Desks* der meisten Hotels finden Sie Angebote für Ausflüge zum Schnorcheln, Parasailing oder auch für Segeltörns in den Sonnenuntergang. Direkt am Strand können Sie für etwa 30 $ eine Lehrstunde im Surfen buchen, ein Surfbrett mieten (5 $ pro Stunde) oder

„Easy going" im Sheraton Moana Surfrider, dem Palasthotel von Waikiki

mit einem Outrigger-Kanu durch die Wellen rauschen.

BIG KAHUNA RENTALS **[U F5]**

Vermietung von Harley-Motorrädern, Mofas und Fahrrädern in Waikiki. *407 Seaside Ave. | Tel. 924-27 36 | www.bigkahunarentals.com*

DIAMOND HEAD CRATER **[U F6]**

Zweifellos die schönste Wanderung in diesem Inselteil: Per Auto (Parkgebühr 5 $), Taxi oder Bus fahren Sie zum Krater, laufen dort durch einen Tunnel (etwas düster, aber an allen entscheidenden Stellen beleuchtet) in die Kratersenke und können dann über Stufen und Tunnels den Kraterrand besteigen – und einen grandiosen Blick über Waikiki genießen.

PARADISE CRUISE LTD. **[U E4]**

Bootstouren nach Pearl Harbor und zum Sonnenuntergang vor Waikiki (mit Abendessen und Show, falls gewünscht). *Ab 50 $ | Aloha Tower Pier und Kewalo Basin | Tel. 983-78 27 | www.starofhonolulu.com*

SOUTH SEAS AQUATICS **[U F5]**

Renommierte Tauchschule; Kurse und Tauchgänge für Anfänger, Tauchgänge zu Wracks und Riffen vor der Südküste Oahus. Abholung von den Hotels in Waikiki. Verkauf und Vermietung von Gerät. *2155 Kalakaua Ave. | Suite 112 | Tel. 922-08 52 | www.ssahawaii.com*

AUSKUNFT

HAWAII VISITORS BUREAU **[U E5–6]**

Waikiki Shopping Plaza | 2270 Kalakaua Ave. | 8th Floor | Tel. 924-02 66 | www.gohawaii.com, www.visitoahu.com

ZIELE IN DER UMGEBUNG

HANAUMA BAY **[127 E5]**

Unterhalb des Koko Crater, einer der jüngsten vulkanischen Formationen

> BLOGS & PODCASTS

Gute Tagebücher und Files im Internet

- > *www.hawaii-aloha.com/blog* – Website eines Online-Reisebüros auf Hawaii. Mit Podcasts und vielen Blogs werden auf Englisch aktuelle touristische Themen auf den Inseln behandelt. Gut für Hintergrundinfos.
- > *www.hawaiian-music.net* – Streaming von Radiostationen und Podcasts von und über Musik aus Hawaii.
- > *www.honoluluadvertiser.com* – Adresse ins webfähige Handy eingeben, dann kommen die neuesten Nachrichten, der Wetterbericht etc. von Hawaiis größter Zeitung (auf Englisch). Dazu bietet die Website mehrere Blogs über Tagesthemen auf Hawaii.
- > *kona-scuba-diving.blogspot.com* – Blog aus dem Alltag eines Tauchlehrers auf Big Island. Mit vielen Fischbildern, aber auch Persönlichem.
- > *www.carissamoore.com* – Blog einer angehenden jungen Profi-Surferin auf Hawaii.

auf Oahu, liegt diese fast kreisrunde, zum Meer hin geöffnete Kraterbucht. Sie ist ein geschützter Unterwasserpark, ideal zum Schnorcheln zwischen bunten tropischen Fischen. Kommen Sie möglichst früh am Morgen, dann ist das Wasser klar und der tagsüber recht beachtliche Besucheransturm – manchmal wird wegen Überfüllung geschlossen – noch nicht so groß. *Mi–Mo 6–18 Uhr | Eintritt 5 $, Parkgebühr 1 $ | 15 km von der Innenstadt entfernt*

Wasserballet mit Delphinen im Sea Life Park von Waimanalo Beach

NUUANU PALI LOOKOUT ★ [127 E4]

An der Ostflanke der Koolau Range brechen die Berge fast 1000 m steil zur Küste hin ab. Vom Aussichtspunkt hoch über dem Meer bietet sich ein weites Panorama über die grünen Klippen, von denen nach der Sage Kamehameha I. die Krieger Oahus in den Tod stürzte. *Am Hwy. 61 | 12 km von der Innenstadt entfernt*

SEA LIFE PARK [127 E–F5]

In dem großen Ozeanarium an der Ostküste Oahus sind riesige Aquarien mit über 4000 Meerestierarten zu bewundern. Dazu gehören Hawaii-Mönchsrobben, Delphinvorführungen und Ausstellungen über die Waljäger. Auch Schwimmen mit den Delphinen wird angeboten. *Tgl. 9.30 bis 17 Uhr | Eintritt 29 $ | am Hwy. 72 in Waimanalo Beach | www.sealifeparkhawaii.com | 20 km von der Innenstadt entfernt*

> MEHR ALS STRAND UND SONNE

Wer nur in Waikiki bleibt, ist selber schuld:
Auf Oahu warten noch viele weitere Attraktionen

> Für die meisten Hawaiiurlauber ist Oahu gleichbedeutend mit Honolulu. Badefreudige aalen sich am Strand von Waikiki, Naturfreunde eilen weiter auf die anderen Inseln. Und Oahu, das Hinterland von Honolulu, bleibt meist links liegen.

Zu Unrecht, denn Oahu ist mit 1575 km^2 die drittgrößte Insel des Archipels. Zwar leben hier gut 900 000 Menschen – rund 70 Prozent der Gesamtbevölkerung Hawaiis –, doch von denen wohnen wiederum gut 80 Prozent in und um Honolulu. So bleibt Platz – für Ananasfelder, für kleine Landstädtchen und für verblüffend viel Naturschönheit. Zwei Bergketten, die üppig grüne *Koolau Range* im Osten und die trockenere *Waianae Range* im Westen, bestimmen das Landschaftsbild. An der Ostküste stürzen die spektakulären *Nuuanu Pali Cliffs* hinab ins Meer, und das weite Hochland im Innern der Insel ist die wichtigste Landwirt-

Bild: Fidschi-Dorf im Polynesian Cultural Center

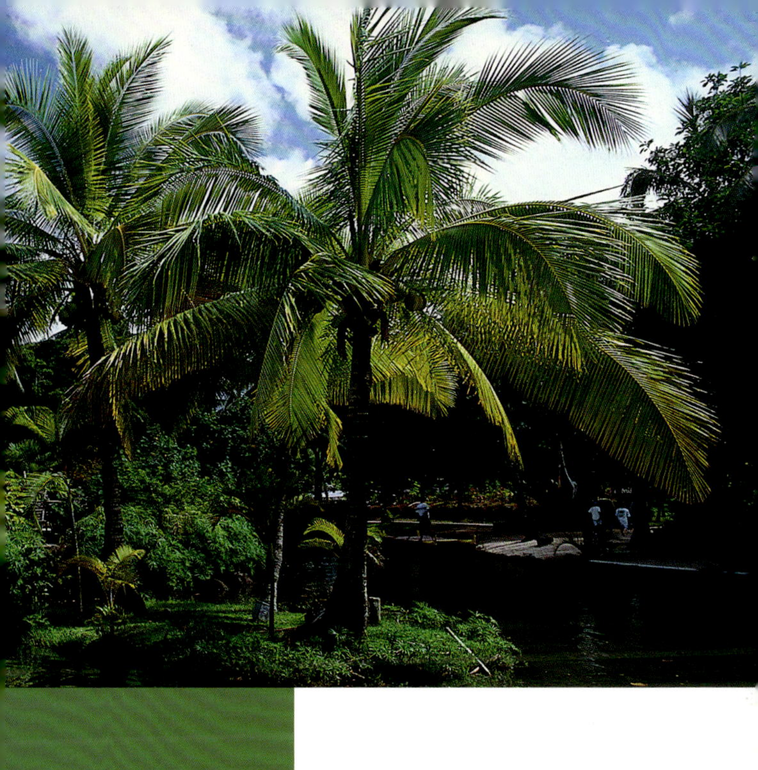

OAHU

schaftsregion. Der trockene Westen wartet mit langen Stränden auf.

Im Südwesten und im Zentrum fällt die starke Präsenz des Militärs ins Auge. Rund 40 000 Soldaten sind hier stationiert, überall stößt man auf Barackenstädte und Radaranlagen. *Pearl Harbor,* der einzige große Naturhafen im ganzen Staat, ist der wichtigste Flottenstützpunkt Amerikas im Pazifik. Die uniformierte Welt der Soldaten steht in Kontrast zur bunten Surferszene an der Nordküste. Die ist sehenswert, vor allem im Winter, wenn sich am *Banzai Beach* die weltbesten Surfer mit den legendären Zehnmeterwellen messen.

HALEIWA

[126 B2] Das alte Haleiwa (22 000 Ew.) an der Nordküste ist ein sympathisches, etwas heruntergekommenes Städtchen mit pittoresken Holzhäusern entlang der

Kamehameha Avenue (Hwy. 83), zahlreichen netten Coffeeshops und bunten Surfläden.

SEHENSWERTES

WAIMEA VALLEY BOTANICAL GARDEN ★

Der botanische Garten im idyllischen Tal des Waimea Stream ist mit seinen 7 km^2 der größte der Inseln: üppige tropische Vegetation mit tausenderlei Blüten und ein tosender Wasserfall.

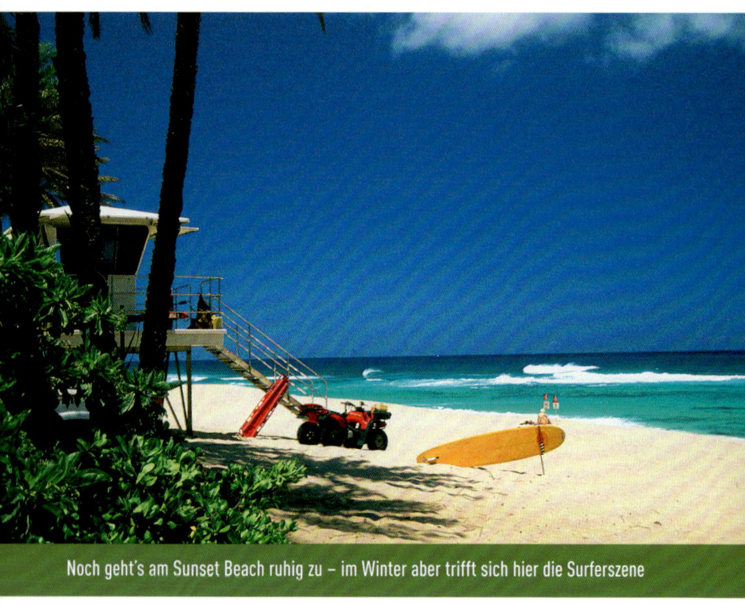

Noch geht's am Sunset Beach ruhig zu – im Winter aber trifft sich hier die Surferszene

Im Teich der Wasserfälle darf man baden. *Tgl. 9.30–17 Uhr | Eintritt 8 $ | 8 km östlich von Haleiwa am Hwy. 83*

ESSEN & TRINKEN

JAMESON'S BY THE SEA

Fischrestaurant am Hafen mit schönem Blick. *62-540 Kamehameha Hwy. | Tel. 637-43 36* | €€

MATSUMOTO'S

Insider Tip

Der alte General Store ist die beste Adresse für das typisch hawaiische *shaved ice,* ganz fein geraspeltes Eis mit hausgemachtem Sirup darüber. *66-087 Kamehameha Hwy.* | €

ÜBERNACHTEN

TURTLE BAY RESORT

Luxus an der Nordostspitze: eigene Badebucht, Pool, Golf, Tennis, Restaurants. *443 Zi. | Kamehameha Hwy. | Kahuku | Tel. 293-60 00 | www.turtlebayresort.com* | €€€

STRÄNDE

Im *Haleiwa Alii Beach Park* und an den Stränden östlich des Ortes treffen sich die Surfer, die oft unter Lebensgefahr die hohen Winterwellen reiten. Die besten Stellen zum Schauen: ★ *Waimea Bay, Sunset Beach, Pipeline Beach, Banzai Beach*

ZIEL IN DER UMGEBUNG

WAHIAWA [126 C3]

Der Ort (16 000 Ew.) ist Zentrum der Landwirtschaftsregion im Inneren Oahus. Nordwestlich haben die Firmen Dole und Del Monte an der Kreuzung der Straßen 80 und 99 Demonstrationsgärten mit verschiedenen Arten von Ananas angelegt, das *Dole Pineapple Center.* Im Pavillon der *Dole Plantation* gibt es Ananasmarmelade, Ananassaft, Ananassouvenirs und Fotos aus den Pflanzertagen. *Tgl. 9–17.30 Uhr | Eintritt frei | 15 km südöstlich von Haleiwa*

KAILUA

[127 E4] **Das rasch wachsende Kailua (37 000 Ew.) ist vor allem die Wohnstadt für Honolulu; über den Pali Highway ist es gut in einer halben Stunde zu erreichen.** Ein großer Pluspunkt des Ortes ist der *Kailua Beach Park* an der Bucht mit feinem weißen Sandstrand. Das ruhige, türkisgrüne Wasser der Kailua Bay eignet sich sehr gut zum Windsurfen – nicht umsonst ist der langjährige Surfweltmeister Robby Naish in Kailua aufgewachsen.

insider tipp

ESSEN & TRINKEN

BUZZ'S STEAKHOUSE

Rustikales Lokal, das neben exzellenten Steaks auch guten Fisch serviert. *413 Kawailoa St., an der Brücke | Tel. 261-46 61 | €€–€€€*

HAIKU GARDENS [127 D4]

Ein versteckter tropischer Garten mit Teichen und Spazierwegen. Am Hügel darüber ein luftiges Restaurant mit Kerzenlicht und abendlicher Romantik. Das Restaurant *Haleiwa Joe's* ist ab 17 Uhr geöffnet. *Westlich von Kailua am Hwy. 83 | 336 Haiku Rd. | Tel. 247-66 71 | €€*

ÜBERNACHTEN

HAWAIIAN ISLANDS B & B

Reservierungsagentur für rund 300 Häuser in Kailua und rings um die Insel. *1277 Mokulua Dr. | Tel. 261-78 95 | www.lanikaibeachrentals.com*

ZIEL IN DER UMGEBUNG

VALLEY OF THE TEMPLES [127 D4]

Das großzügige, parkähnliche Gelände am Steilhang der Koolau

MARCO POLO HIGHLIGHTS

★ **Waimea Valley Botanical Garden**
Tropische Idylle mit exotischer Flora und einem Wasserfall (Seite 46)

★ **Waimea Bay, Sunset Beach, Pipeline Beach, Banzai Beach**
Die Strände der Nordküste: Mekka aller Surfer (Seite 47)

★ **Polynesian Cultural Center**
Disneyland in der Südsee: ein Freiluftmuseum mit Shows und fotogenen Paraden (Seite 48)

★ **USS Arizona Memorial**
Die Gedenkstätte für den verheerenden Angriff der Japaner 1942 (Seite 49)

Range ist ein Friedhof für die verschiedenen Religionen Hawaiis. Sehr malerisch und sehenswert ist der *Byodo-In Temple,* der Nachbau eines 900 Jahre alten japanischen Tempels. *Tgl. 9–17 Uhr | Eintritt 2 $ | 10 km nördlich von Kailua am Hwy. 83*

LAIE

[127 D2] Sauber und adrett wirkt das Städtchen (5000 Ew.) in tropisch grüner Plantagenlandschaft an der Nordwestküste. Kein Wunder, es ist seit gut 130 Jahren ein Siedlungszentrum der Mormonen. Mitten im Ort steht ein großer Tempel: die *Kirche der Heiligen der letzten Tage* – so nennen sich die Mormonen offiziell (mit Besucherzentrum und Führungen). Nebenan liegt das Gelände der ebenfalls mormonisch geführten *Brigham Young University.*

SEHENSWERTES

POLYNESIAN CULTURAL CENTER ★

Teuer, aber der beste Kulturtrip Hawaiis. Auf dem rund 150 000 m² großen, schön begrünten Gelände des Freilichtmuseums sind Minidörfer aus sieben Südseeregionen nachgebaut worden: Tonga, Tahiti, die Marquesas-Inseln, Hawaii, Fidschi, Samoa und Neuseeland, Reich der Maori. Hinzu kam eine Ausstellung über die zu Chile gehörenden Osterinseln. Bei einem Bummel durch die Dörfer erzählen einem die Bewohner der jeweiligen Inseln von ihrer traditionellen Kultur und dem Handwerk. Dazu gibt es am Nachmittag stündlich farbenprächtige Paraden mit Kanus und auch viele Tänze. In einem Großkino wird die Geschichte der polynesischen Wanderung gezeigt. Abends ist große Polynesienshow. Mit Restaurant und Läden. *Mo–Sa 12.30–21 Uhr | Eintritt inkl. Show 55 $, mit Dinnerbuffet 80 $, mit Luau-Fest 115–205 $ | am Hwy. 83 | www.polynesia.com*

> LOW BUDGET

- Für rund 25 $ gibt es im ▶▶ *Backpackers Vacation Inn* in Haleiwa Hostel-Betten, viel Surf-Action und Publikum aus aller Welt. Auch Privatzimmer und gemütliche Hütten sind zu mieten – und der Strand liegt über die Straße. *14 Zi. | 59-788 Kamehameha Hwy. | Tel. 638-7838 | www.backpackers-hawaii.com | €–€€*
- Auch ohne Auto lässt sich Oahu erobern. Die günstigste Möglichkeit: *The Bus.* Mit den Linien 52 und 55 kann man in dreieinhalb Stunden Oahu umrunden. Preis: nur 4 $! *Abfahrt 6.30–20 Uhr alle 30–35 Min. am Ala Moana Center | Honolulu*
- *Lunch Trucks,* die hawaiische Form der Würstchen- und Frittenbude, sind auf allen Inseln populär. An der Nordostküste Oahus gibt es dazu noch *Shrimp Trucks,* denn bei Laie werden in großen Becken Krabben gezüchtet. Für 10–12 $ gibt es einen Teller voll frisch gebratener, scharf gewürzter Shrimps.

PEARL HARBOR

[126 C4] Dieser große geschützte Hafen an der Südküste ist heute fast gänzlich militärisches Sperrgelände. Der Name

Pearl Harbor steht vor allem für den Angriff der Japaner am 7. Dezember 1941. Die USA traten daraufhin in den Zweiten Weltkrieg ein. Zwei Geschwader japanischer Kampfflugzeuge griffen von sechs Flugzeugträgern aus ohne Vorwarnung oder Kriegserklärung die Insel an. 2346 US-Soldaten kamen damals ums Leben, acht Schiffe sanken. Da sich die Flugzeugträger und andere wichtige Flottenverbände der Amerikaner aber auf See befanden, blieben sie verschont und konnten trotz der Zerstörungen, die ihrer Basis zugefügt worden waren, schon bald zum Gegenschlag ausholen.

SEHENSWERTES

SUBMARINE MEMORIAL PARK

In dem U-Boot-Museum neben dem *USS Arizona Memorial* ist unter anderem das 1942 gebaute U-Boot *Bowfin (tgl. 8–17 Uhr | Eintritt 10 $)* zu besichtigen. Sie bekommen dort ein sehr realistisches Bild vom Leben in einem U-Boot. Navy-Interessierte bekommen hier auch Karten für den Besuch des neuen, erst teilweise fertiggestellten *Pacific Aviation Museum (tgl. 9–17 Uhr | Eintritt 14 $)* und des nahebei liegenden, historischen Schlachtschiffes *USS Missouri,* auf dem die Japaner 1945 ihre Kapitulation unterzeichneten.

USS ARIZONA MEMORIAL ★

Im *Visitor Center* der Gedenkstätte für die Opfer von Pearl Harbor können Sie sich zunächst in den Ausstellungsräumen über den Angriff von 1941 informieren (Filmvorführung). Danach geht es mit Marinebooten hinaus in die Hafenbucht zum Denkmal, einem weißen, surrealistisch anmutenden Bau über dem Wrack der *USS Arizona*. Dieses Schlachtschiff sank beim Angriff der Japaner mit 1177 Mann an Bord innerhalb von nur neun Minuten. Im Gedenkraum sind die Namen der Gefallenen in Marmor graviert, von der Aussichtsplattform können Sie bei ruhiger See die Umrisse des Schiffes unter sich erkennen. *Tgl. 7.30–17 Uhr | Eintritt frei | Audiotouren auch in Deutsch erhältlich; holen Sie sich gleich bei der Ankunft Tickets für die Bootstour (letztes Boot 15 Uhr; keine Taschen erlaubt) | Zufahrt über die SR 99*

Pittoresk: der japanische Byodo-In Temple im Valley of the Temples

> TIEFE SCHLUCHTEN UND SÜDSEESTRÄNDE

Die Garteninsel macht ihrem Namen mit grün umrankten Klippen und tropischen Palmen alle Ehre

> Der Spitzname Kauais lautet „die Garteninsel". Sie ist die westlichste und damit älteste der großen Hawaii-Inseln, entstanden aus einem einzigen Vulkan. Die tropische Vegetation konnte sich hier üppigst entwickeln.

Im Norden türmen sich die spektakulären *Na Pali Cliffs* fast 1000 m über dem Meer auf, im Südwesten liegen lange, einsame Dünenstrände, im Landesinnern klafft die gewaltige Schlucht des *Waimea Canyon.* Und von den steilen Flanken des 1569 m hohen *Mount Waialeale* – mit rund 12 m Niederschlag pro Jahr übrigens der regenreichste Punkt der Erde – schießen zahllose Wasserfälle. Das nur 1433 km^2 große Eiland birgt eine überwältigende Vielfalt von Landschaftsformen. Im Hochland, in den abgelegenen *Alakai-Sümpfen,* die fast 80 km^2 umfassen, blieb eine weitgehend unberührte hawaiische Flora und Fauna erhalten.

Bild: Na Pali Coast

KAUAI

Eine rund 100 km breite, oft recht raue Meeresstraße trennt Kauai von den anderen Inseln des Archipels. Sie hat in der Geschichte die Insel vor Eroberungen bewahrt und vielleicht auch die moderne touristische Erschließung etwas gehemmt. Als Kamehameha I. zum Beispiel im Jahr 1796 mit rund 10000 Kriegern Kauai stürmen wollte, ging seine Flotte in der aufgewühlten See kläglich unter. Erst 1810 unterwarf sich der König von Kauai schließlich der Herrschaft Kamehamehas I.

Später kamen Missionare, und es entstanden große Zuckerrohrplantagen. Doch die in weiten Teilen unzugängliche Küste und das gebirgige Landesinnere verhinderten die schnelle Erschließung. Bis heute leben die meisten der rund 63000 Bewohner Kauais in verschlafenen Landstädtchen, umrahmt von tropischen Plantagen.

Größere Hotelanlagen und modernen Tourismus gibt es nur bei *Poipu* im Süden, an der (preiswerteren) Ostküste um *Kapaa* und im Norden bei *Hanalei.* In den übrigen Inselregionen meint man sich oft einige Jahrzehnte zurückversetzt. So verkörpert Kauai mit seinen Steilklippen, grünen Tälern und herrlichen Strandbuchten heute vielleicht am besten das Idealbild von Hawaii.

Früher war Surfen ein Sport der Könige – Surfer an der Ostküste Kauais bei Kapaa

HANALEI

[125 E2] Das kleine Straßendorf mit rund 400 Einwohnern an der einzigen geschützten Bucht der Nordküste, der Hanalei Bay, hat noch viel vom alten rustikalen Charme eines hawaiischen Orts um die Jahrhundertwende. Die wenigen Restaurants und Läden sind in klapprigen Holzhäusern untergebracht, es gibt nur ein etwas moderneres Shoppingcenter, und das Publikum ist eine bunte Mischung aus Landarbeitern, Althippies, die seit den 1970er-Jahren in den abgelegenen Tälern des Hinterlands leben, wanderlustigen Naturfreunden und einigen Surfern.

Im flachen Tal des Hanalei River rings um den Ort erstrecken sich ausgedehnte Tarofelder, über die man vom *Hanalei Valley Lookout* am Hwy. 56 eine schöne Aussicht hat. Auf einem weiten Plateau östlich von Hanalei liegt dessen Vorort *Princeville,* eine sehr gepflegte Enklave mit Ferienhäusern, diversen Hotels und spektakulär angelegten Golfplätzen.

KAUAI

SEHENWERTES

WAIOLI MISSION HOUSE

1837 baute sich der Missionar William Alexander dieses Haus, eines der ersten „weißen" Häuser auf Kauai. Der renovierte Bau hinter der kleinen, grünen Kirche zeigt heute Ausstellungen über das Leben der Missionare. *Di, Do, Sa, 9–15 Uhr | Eintritt frei | Route 56*

ESSEN & TRINKEN

HANALEI DOLPHIN

Guter Fisch und Steaks mit Blick auf den Hanalei River. Angeschlossen ist ein Fischmarkt, der auch frisches Sushi verkauft. *5144 Kuhio Hwy. | Tel. 826-61 13 | €€*

HANALEI GOURMET

Witziges alternatives Café im alten Schulhaus an der Hauptstraße. Gute Salate und Sandwiches. Gemütlicher Ort für den Lunch. Zum Dinner gibt's oft Jazz oder Blues. *Hanalei Center | Tel. 826-25 24 | €*

ÜBERNACHTEN

ALOHA PLANTATION

Freundliches Bed & Breakfast im ältesten Plantagenhaus von Kilauea. *3 Zi. | 4481 Malulani St. | Kilauea | Tel. 828-16 93 | www.alohaplantation.com | €*

HANALEI COLONY RESORT

Insider Tipp

Idyllisches kleines Apartmenthotel an palmengesäumter Bucht etwas westlich von Hanalei. 52 Zimmer mit eigener Küche. *P.O. Box 206 | Tel. 826-62 35 | www.hcr.com | €€€*

ST. REGIS PRINCEVILLE

Elegante Luxusherberge in der unbestritten besten Lage von ganz Hawaii mit Blick über die Na Pali Coast. Tennis, Golf, Restaurants, eigener Strand. *252 Zi. | 5520 Kahaku Rd. | Princeville | Tel. 826-96 44 | www.princeville.com | €€€*

FREIZEIT & SPORT

CAPTAIN SUNDOWN

Katamarantouren entlang der Na Pali Coast. Im Winter nur bei ruhiger See zu empfehlen. *Preise: 3–6 Stunden für 140–160 $ | Tel. 826-55 85 | www.captainsundown.com*

HELI USA

Helikopterflüge über die Na Pali Coast und rund um die Insel. *Preise: 130–230 $ | Princeville Airport | Tel. 826-65 91 | www.heliusa.com*

MARCO POLO HIGHLIGHTS

★ Na Pali Coast
Die schönste Küste von Hawaii: 1000 m hohe Klippen und tropisch grün (Seite 54)

★ Beach House
Fisch à la Nouvelle Hawaiian Cuisine – mit schönem Blick aufs Meer (Seite 57)

★ Spouting Horn
Kuriose Laune der Natur: ein sprudelnder Springbrunnen an der Poipu Coast (Seite 57)

★ Waimea Canyon
Fast so tief wie der Grand Canyon – und ebenso beeindruckend (Seite 59)

PEDAL'N PADDLE
Vermietung von Surfbrettern, Schnorchelgerät, Mountainbikes und Kajaks (schöne Tagestouren auf dem Hanalei River möglich). *Ching Young Village | Tel. 826-90 69 | www.pedalnpaddle.com*

Kilauea Point Lighthouse: Schutzgebiet für Rotfußtölpel

ZIELE IN DER UMGEBUNG

Insider Tipp **KILAUEA POINT LIGHTHOUSE** [125 E2]
Die steilen Klippen um den Leuchtturm von 1913 sind heute ein Vogelschutzgebiet, in dem Albatrosse, Fregattvögel und mehrere Tölpel- und Möwenarten zu beobachten sind. *Tgl. 10–16 Uhr | Eintritt 5 $ | ca. 15 km östlich von Hanalei am Hwy. 56*

NA PALI COAST ★ [125 D2–3]
Von Hanalei sind es noch etwa 10 km nach Westen bis zum Ende des Hwy. 56, bei dessen Bau man vor den steilen Klippen der Na Pali Coast schließlich kapitulierte. Kleine, idyllisch von Palmen umstandene Sandstrände, die schon oft in Filmen als Südseekulisse dienten, säumen den Highway, z.B. der berühmte *Lumahai Beach* und der *Haena Beach*. Auf keinen Fall verpassen: die *Limahuli Gardens (Di–Sa 9.30–16 Uhr | Eintritt 15 $)*, ein althawaiischer Park mit Taroterrassen und einem Lehrpfad zu den typischen polynesischen Nutzpflanzen.

Vom Ende der Straße führt ein 18 km langer, anstrengender Wanderweg entlang der rund 1000 m hohen Klippen bis zum *Kalalau Beach*. Auf einer Tageswanderung können Sie bis zum ersten Tal, dem *Hanakapiai Valley*, vordringen. Für den gesamten Pfad sollten Sie sich jedoch zwei Tage Zeit nehmen, mit einer Campingübernachtung am Kalalau Beach *(Reservierung nötig beim State Parks Office | 3060 Eiwa St. | Lihue | Tel. 274-34 44 | Wanderung nur möglich Mai–September)*.

KAPAA

[125 F3] **Die Stadt Kapaa (22000 Ew.) entstand aus einem alten Camp der Zuckerrohrarbeiter.** In den letzten Jahren ist es entlang des Hwy. 56 kräftig gewachsen und mittlerweile schon fast mit dem kleineren, etwas südlich gelegenen *Wailua* verschmolzen. Kleine Shoppingcenter, Wohngebiete und auch Hotels schossen aus dem Boden, obwohl die Strände der Ostküste schmaler und nicht so schön sind wie die weißen Strände im Norden und Süden der Insel.

SEHENSWERTES

FERN GROTTO

Die berühmte, von hängenden Farnen umgrünte Grotte am Wailua River ist die klassische Touristenfalle Kauais. Die Bootsfahrt auf dem Fluss und die Grotte sind noch schön – aber der Rummel und die schmalzigen Gesänge der hawaiischen Maiden sind doch etwas gewöhnungsbedürftig. *Tgl. 9–15.30 Uhr | Eintritt 20 $ | Abfahrt von der Wailua River Marina 4 km südlich von Kapaa*

HIGHWAY 580

Der Highway, auch *Kuamoo Road* genannt, zweigt am Nordufer des Wailea River vom Hwy. 56 ab und führt rund 10 km ins Landesinnere. Am Weg durch das Flusstal liegen mehrere *heiaus,* restaurierte althawaiische Tempel, und die gut 12 m hohen *Opaekaa-Wasserfälle.* Kurz nach den Wasserfällen führt links eine Seitenstraße zum *Kamokila Hawaiian Village* (Insider Tipp), dem idyllisch gelegenen Nachbau eines althawaiischen Dorfes *(tgl. 9–17 Uhr | Eintritt 5 $ | www.kamokila.com).*

ESSEN & TRINKEN

COCONUTS

Zwar direkt am Highway, aber drinnen hübsch tropisch dekoriert. Die neuhawaiische Küche ist exzellent. *4-919 Kuhio Hwy. | Tel. 823-87 77 |* €€

WAILUA MARINA RESTAURANT

Mit Blick auf den Wailua River erwartet Sie eine solide Kost: frischer Fisch, Steaks und ein großes Salatbuffet. *5971-B Kuhio Hwy. | Wailua | Tel. 822-43 11 |* €–€€

ÜBERNACHTEN

KAUAI COUNTRY INN

Charmante, kleine Pension im grünen Hinterland; die Besitzer sind Designer. *6 Zi. | 6440 Olohena Rd. | Kapaa | Tel. 821-02 07 | www.kauaicountryinn.com |* €–€€

> LOW BUDGET

- Eine deftige Nudelsuppe war stets das Mittagessen der japanischen Plantagenarbeiter auf Hawaii. Der *Hamura Saimin Stand* in Lihue führt die Tradition für weniger als 10 $ fort. Dazu bestellt man *Teriyaki BBQ sticks. 2956 Kress St.*
- Wer mit kleinem Budget reist, ist im *Kauai Beach House* richtig. Der Strand liegt direkt vor der Tür des legeren Backpacker-Hostels. *9 Zi. | 4-1552 Kuhio Hwy. | Kapaa | Tel. 822-34 24 | www.kauai-blue-lagoon.com*
- Der Holzschuppen von ▶▶ *Tahiti Nui* ist eine Institution an der North Shore von Kauai. Auf der Veranda wird guter, nicht zu teurer Fisch serviert. Danach gibt es meist kostenlos Livemusik. *5134 Kuhio Hwy. | Hanalei | Tel. 826-62 77 |* €–€€
- Der *Coconut Marketplace* in der Hotelzone südlich von Kapaa ist zwar ziemlich touristisch, gut und durchaus authentisch aber ist mittwochs um 17 Uhr die kostenlose Hula-Show. *484 Kuhio Hwy. 50 | Kapaa*
- Für Touren im Waimea Canyon bietet die *Kokee Lodge* einen guten Campingplatz und zwölf rustikale, sehr günstige Holzhütten (3–6 Pers., Schlafsack mitbringen). Reservieren! *P. O. Box 367 | Waimea | Tel. 355-60 61 | www.thelodgeatkokee.net*

OUTRIGGER LAE NANI

Ein sehr gepflegtes Apartmenthotel mit schönem Strand und Gärten. Die rund 70 Ferienwohnungen sind geschmackvoll möbliert und angenehm groß. *410 Papaloa Rd. | Tel. 822-49 38 | www.outrigger.com* | €€€

RESORTQUEST ISLANDER ON THE BEACH

Ein gutes Mittelklassehotel direkt am Strand hinter dem Coconut Marketplace mit eigenem Pool. *150 Zi. | 440 Aleka Place | Kapaa | Tel. 822-74 17 | www.rqislander.com* | €€

LIHUE

[125 F4] **Die Hauptstadt Kauais hat nur 6000 Einwohner und liegt inmitten alter Zuckerrohrfelder an der Ostküste der Insel.** In der Hauptstraße *Rice Street* herrscht eine gemächliche Gangart. Insider Tipp Besonders lohnt ein Besuch der *Old Lutheran Church* von 1883, damals Zentrum der deutschen Gemeinde. Sie steht am Hügel über der Zuckerfabrik *(Hoomana Rd.)*.

SEHENSWERTES

KAUAI MUSEUM

Das beste Museum zur Naturgeschichte und Besiedlung Kauais. Ein kurzer Film zeigt die verborgenen Schönheiten der Insel. Dazu wechselnde Kunstausstellungen und ein gut sortierter Museumsladen. *Mo–Fr 9–16, Sa 10–16 Uhr | Eintritt 7 $ | 4428 Rice St.*

ESSEN & TRINKEN

DUKE'S CANOE CLUB ▸▸

Großes Fischrestaurant mit Südseeflair nur ein paar Schritte vom Strand des Kauai Marriott. Schöne Bar und viel Action. *Kalapaki Beach | 3610 Rice St. | Tel. 246-95 99* | €€

GAYLORD'S Insider Tipp

Stilvolles Restaurant in einem Plantagenhaus von 1935. Auf der Veranda sitzen Sie besonders schön. *Kilohana Plantation | am Hwy. 50 | Tel. 245-95 93* | €€–€€€

EINKAUFEN

KUKUI GROVE CENTER

Das größte Einkaufszentrum der Insel mit Kaufhäusern und einer Reihe kleinerer Boutiquen und Galerien mit vernünftigen Preisen. *Am Hwy. 50 | südlich von Lihue*

ÜBERNACHTEN

HILTON KAUAI BEACH

Gutes Strandhotel mit schöner Poolanlage, Restaurant, Tennisplätzen und einem der wenigen Nachtclubs auf Kauai: der *Shutters Lounge*. 8 km nördlich von Lihue. Idealer Ausgangspunkt für Besichtigungen der Insel. *347 Zi. | 4331 Kauai Beach Dr. | Tel. 245-19 55 | http://hiltonkauairesort.com* | €€–€€€

KAUAI MARRIOTT

Ein Paradies für Golfer: Zu diesem Luxusresort gehören 36 Loch feinster Golfanlage. Die 367 Zimmer und die übrigen Anlagen sind entsprechend. *Kalapaki Beach | 3610 Rice St. | Tel. 245-50 50 | www.marriott.com* | €€€

AUSKUNFT

KAUAI VISITORS BUREAU

4334 Rice St. | Suite 101 | Lihue HI 96766 | Tel. 245-39 71 | www.kauai-discovery.com

POIPU

[125 E4] **An der sonnigen, regenarmen Südseite Kauais ist in den letzten 20 Jahren mit Poipu die wichtigste Urlaubsregion der Insel herangewachsen.** Hier finden Sie große Hotelanlagen, Ferienwohnungen und ein beachtliches Strandleben. Anstelle eines langen Strands ziehen sich jedoch viele kleine halbmondförmige Buchten vor den Hotels etwa 10 km die Küste entlang. Das Wasser besitzt in dieser Region auch im Winter keinen gefährlichen Wellengang.

SEHENSWERTES

SPOUTING HORN ★

Am Westrand der Poipu Coast faucht im kleinen *Spouting Horn Park* ein Meeresgeysir: In einem Unterwassertunnel werden Brandungswellen durch die Felsen hochgedrückt und schießen in einer bis zu 15 m hohen Fontäne in die Luft. Je nach Wellengang eine sehr eindrucksvolle Darbietung.

ESSEN & TRINKEN

BEACH HOUSE ★

Der Tipp für einen besonderen Abend: ein verglastes Edellokal mit Terrasse, Blick übers Meer und feiner Küche. Kommen Sie unbedingt schon etwa eine Stunde vor Sonnenuntergang. *5022 Lawaii Rd. | Tel. 742-14 24* | €€€

Insider Tipp

BRENNECKE'S BEACH BROILER ▶▶

Ein großes Fisch- und Steakrestaurant direkt am Strand mit guter Bar und einem eigenen Souvenirshop, in dem Sie die Gelegenheit haben, sich ein original Brennecke-T-Shirt zu kaufen. *2100 Hoone Rd. | Tel. 742-75 88* | €–€€

ROY'S POIPU GRILL

Pacific Rim Cuisine in Perfektion: Starkoch Roy Yamaguchi ist über Hawaii hinaus bekannt – nicht billig, aber ein kulinarisches Erlebnis. *Poipu Shoppingcenter | Tel. 742-50 00* | €€€

Bis zu 15 m hoch speit der Meeresgeysir Spouting Horn seine Gischt

POIPU

EINKAUFEN

In den Souvenirläden und Boutiquen des *Kiahuna Shopping Village* von Poipu bleibt kein Touristenwunsch offen: Hawaiihemden, Badebedarf, Nippes. Sympathischer sind die bunt gemixten kleinen Läden und Lokale im restaurierten Plantagenort *Koloa. 5 km nördlich von Poipu am Hwy. 520*

ÜBERNACHTEN

GRAND HYATT RESORT KAUAI

Moderner Hotelkomplex in einer gepflegten Gartenanlage und an einem der besten Strände von Poipu. Tennis, Golf, Restaurants. *602 Zi. | 1571 Poipu Rd. | Tel. 742-12 34 | www.kauai.hyatt.com | €€€*

KOLOA LANDING COTTAGES

Ferienhäuser und Apartments in vier Holzhütten gegenüber einem kleinen Strand. *8 Zi. | 2704-B Hoonani Rd. | Tel. 742-14 70 | www.koloa-landing.com | €€*

POIPU KAI RESORT

Die große renovierte Ferienanlage liegt am Steilhang nahe Brennecke's Beach. Apartments mit ein bis drei Schlafzimmern. *350 Zi. | 1941 Poipu Rd. | Tel. 742-74 00 | www.suite-paradise.com | €–€€€*

SPORT & STRÄNDE

Beliebt zum Bodysurfen ist *Brennecke's Beach,* an der Flussmündung bei *Koloa Landing* können Sie gut schnorcheln und tauchen. Ausritte am Strand bietet ein kleiner Reitstall ganz im Osten des Ferienzentrums (ausgeschildert). Bei *Captain Andy's Sailing Adventures* können Sie Katamarantörns sowie Schnorchel- und Tauchausflüge buchen. Im Winter Walbeobachtung *(Preise: 60–140 $ | Port Allen | Tel. 800-535-08 30 | www.napali.com).*

ZIELE IN DER UMGEBUNG

BARKING SANDS BEACH [124 C3]

Im äußersten Westen der Insel, am Ende des Hwy. 50, liegt eine wüstenhaft trockene Dünenlandschaft, in die sich nur wenige Touristen verirren (nicht zuletzt wegen der schlechten Staubpiste auf den letzten 5 km). Die Wellen sind meist zu rau zum Baden, aber man kann herrliche Spaziergänge unternehmen. *40 km nordwestlich von Poipu*

Insider Tipp

KAUAI SUGAR PLANTATION TOURS [125 D4]

Von März bis Oktober werden interessante Führungen (teils recht staubig) durch die letzte noch arbeitende Zuckerfabrik und über die Felder veranstaltet. *Mo–Sa Führungen (Reservierung nötig) | Eintritt 35 $ | Kaumakani | Tel. 335-28 24 | www.robinsonadventures.com | 15 km nördlich von Poipu*

NATIONAL TROPICAL BOTANICAL GARDEN [125 E4]

Ein 750 000 m^2 großes Wunder der Botanik – mit Gärten für essbare, medizinisch wichtige und bedrohte Pflanzen, einer Forschungsstation sowie großem alten Plantagengarten. *Mo–Sa mehrmals tgl. ca. 3-stündige Führungen | Eintritt 30 $ | Abfahrt beim Spouting Horn | Lawai | Reservierung: Tel. 742-26 23 | www.ntbg.org | 15 km nordwestlich von Poipu*

WAIMEA CANYON [125 D3]

Der Hwy. 550 führt von Waimea gen Norden, dann am Westrand der Waimeaschlucht hinauf. Mit steilen Abhängen und rotbraunen Felswänden ähnelt der mehr als 1000 m tiefe Canyon verblüffend seinem großen Bruder in Arizona und wird auch „Grand Canyon des Pazifiks" genannt. Ein unglaublich heftiges Erdbeben muss hier vor langer Zeit Kauai fast in zwei Hälften gespalten haben. Von mehreren Aussichtspunkten bieten sich dramatische Panoramen, am Ende der Straße wartet der *Kalalau Lookout* mit einem atemberaubenden Blick über die Na Pali Coast.

Zahlreiche Wanderwege führen vom Hwy. 550 aus in den Waimea Canyon (z. B. der 4 km lange *Kukui Trail),* an die dicht bewaldete *Na Pali Coast* (z. B. der 6 km lange *Nualolo Trail)* und in die meist nebelverhangenen, mysteriösen *Alakai-Sümpfe,* die noch viele Arten hawaiischer Pflanzen und Vögel beherbergen (vergessen Sie für den 5 km langen *Alakai Swamp Trail* den Regenumhang nicht!). Informationen über die Wanderwege der Region erhalten Sie im kleinen *Kokee Natural History Museum (tgl. | kein Eintritt)* neben der *Kokee Lodge* am Hwy. 550. *45 km nordwestlich von Poipu*

Atemberaubender Blick vom Kalalau Lookout über Kalalau Valley und die Na Pali Coast

> EXKLUSIVES REFUGIUM ODER RUSTIKALE SÜDSEE-IDYLLE?

Zwei Inseln der Kontraste – hier fabelhafte Luxushotels, dort der ländliche Charme des alten Hawaii

> Die beiden kleinsten der touristisch erschlossenen Inseln Hawaiis liegen auf dem flachen Schelf von Maui (Fährverbindungen von Lahaina aus), und beide entstanden vor rund 2 Mio. Jahren. Doch damit enden auch die Gemeinsamkeiten.
Die beiden Eilande sind in allen anderen Aspekten völlig gegensätzlich und ziehen daher auch ganz unterschiedliche Besucher an.

Lanai hat sich für den touristischen Luxusweg entschieden. Bis heute ist die nur 29 km lange Insel in Privatbesitz. Der Ananaskönig Jim Dole kaufte 1922 die gesamte Insel für 1,1 Mio. $ und verwandelte sie in die größte Ananasplantage der Welt. Siebzig Jahre lang wuchs ein Fünftel aller Ananas weltweit in der fruchtbaren roten Erde von Lanai. Ende der 1980er-Jahre wurde die Produktion unrentabel und die Holdinggesellschaft, der bis heute 98 Prozent der Insel gehören, beschloss umzurüsten –

Bild: Im Halawa Valley auf Molokai

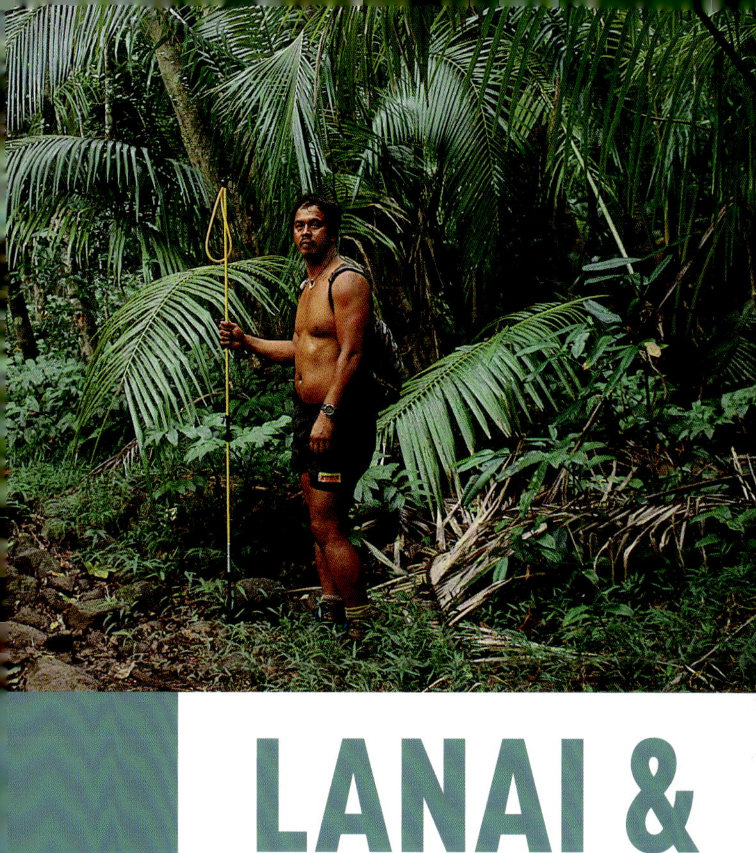

LANAI & MOLOKAI

auf Farmwirtschaft und exklusiven Tourismus.

Zwei elegante Edel-Resorts (Bill Gates heiratete hier) mit großartigen Golfplätzen und menschenleeren Traumstränden bestimmen seither das Glück der Insel. Die nur 3200 Einwohner Lanais, überwiegend Philippiner und Japaner, haben auf das Hotelgewerbe umgeschult. So ist Lanai heute vor allem das Ziel betuchter Golfer, aber auch von Naturfreunden, die auf Allrad-Trails einsame Felsküsten und die geheimnisvollen Nebelwälder am 1027 m hohen *Mount Lanaihale* erkunden.

Ganz anders dagegen *Molokai.* Auf der ländlich strukturierten, touristisch wenig erschlossenen Insel gibt es keine Bettenburgen und keine kitschigen Souvenirläden. Dafür aber den längsten Sandstrand, die höchsten Klippen und die einsamsten Wanderpfade im ganzen Archipel. Am

Wegesrand wachsen Passionsfrüchte und Guaven, und der Traum vom Südseeleben ist hier so ursprünglich zu erfahren wie nirgends sonst auf Hawaii. Dafür muss man sich als Besucher auf rustikale Unterkünfte und spärliche Unterhaltung einstellen.

Gerade einmal 7000 Menschen wohnen auf Molokai. Rund die Hälfte von ihnen sind hawaiischer Abstammung – der höchste Prozentsatz aller Inseln. Daher blieb hier die hawaiische Kultur ebenso wie die alte Kunst des Hula am ursprünglichsten erhalten. Kleine Plantagen florieren im feuchten, tropisch grünen Osten der 60 km langen Insel, der trockene Westen ist Ranchland. Dass dies so bleibt, dafür sorgen aktive Bürgerbewegungen, die alle Großbauprojekte abschmettern und so das hawaiische Lebensgefühl bewahren wollen.

Die schönsten Strände von Molokai liegen an der Westküste der Insel

KAUNAKAKAI

[128 C2] Die hölzernen Fassaden an der Hauptstraße Ala Malama ver-leihen Molokais Hauptstädtchen (3000 Ew.) eine rustikale Wildwestatmosphäre. Wohnstraßen, ein langer Hafenpier, ein von König Kamehameha V. angelegter Palmenhain – und fertig ist der Ort.

ESSEN & TRINKEN

HULA SHORES

Fisch, Steaks und Pizza auf der Terrasse. An der Bar treffen sich die Einheimischen, an Wochenenden spielen öfters Bands. *Im Hotel Molo-*

kai am Ostrand des Ortes | Tel. 553-53 47 | €€

KANEMITSU BAKERY
Deftige Landkost im Restaurant, Brot und Gebäck an der Theke – und ein gutes Frühstück. *Ala Malama St. | €*

ÜBERNACHTEN

HOTEL MOLOKAI
Polynesischer Stil, einfach, aber gemütlich und direkt an der Südküste mit kleinem Strand und Pool. *57 Zi. | Kamehameha V Hwy. | Tel. 553-53 47 | www.hotelmolokai.com | €€*

KAMALO PLANTATION
Idyllisches B&B-Inn in einer alten Obstplantage an der Südseite der Insel mit einem Ferienhaus für 4 Personen und einer Cabin. *P. O. Box 300 | Tel. 558-82 36 | www.molokai.com/kamalo | €*

STRÄNDE

Sämtliche organisierten Schnorcheltouren gehen von Kaunakakai aus. Dank vorgelagerter Riffe ist das Meer an der Südküste ruhig. Leider kein Vorteil für Besucher. Um dort schwimmen zu können, ist es zu seicht. An der Ostküste finden Sie entlang des Hwy. 450 hübsche Strandbuchten, die auch zum Schnorcheln geeignet sind.

Die schönsten Strände jedoch liegen im Westen Molokais, z. B. *Kawakiu Beach* oder der 5 km lange ★ *Papohaku Beach.* Wellengang und Strömung sind hier so stark, dass das Baden unterlassen werden sollte! Dennoch können Sie in herrlicher Einsamkeit den unendlich langen Strand entlangwandern.

AUSKUNFT

MOLOKAI VISITORS ASSOCIATION
2 Kamoi St. | Kaunakakai | Molokai | HI 96748 | Tel. 553-38 76 | www.molokai-hawaii.com

ZIELE IN DER UMGEBUNG

KALAUPAPA PENINSULA ★ **[128 C1]**
Die abgelegene Halbinsel an der rauen Nordküste von Molokai wurde 1866 zu einer Quarantänestation für Leprakranke erklärt – zu einem Verbannungsort. Der belgische Pater Damien versuchte ab 1873 die grausamen Lebensbedingungen der Kranken zu lindern, ehe er selbst an Lepra starb. Bis heute leben knapp 80 Leprapatienten hier – freiwillig

MARCO POLO HIGHLIGHTS

★ Papohaku Beach
Der längste Strand Hawaiis liegt im Westen von Molokai: 5 km weißer Sand (Seite 63)

★ The Experience at Koele
Golfen mit spektakulärer Aussicht auf den kühlen Hügeln der Insel (Seite 67)

★ Kalaupapa Peninsula
Eine Zeitreise in die ehemalige Leprakolonie – zu Fuß oder per Maultier (Seite 63)

★ Munro Trail
Tageswanderung oder Jeeptour zum Gipfel des Mt. Lanaihale (Seite 67)

und mittlerweile gesund, nachdem 1969 ein Heilmittel gegen die Krankheit entdeckt wurde.

Sehenswert sind die von Pater Damien errichtete *St. Philomen Church* und der Blick auf die spektakulären Klippen der Nordküste. Vom *Palaau State Park* am Ende des Hwy. 470, in dem auch der *Phallic Rock,* ein altes Fruchtbarkeitssymbol der Hawaiianer, steht, überblicken Sie die vom Meer umbrandete Halbinsel. Führungen durch die Leprakolonie: die gut 4-stündigen *Father Damien Tours (Reservierung nötig: Tel. 567-61 71 | P.O. Box 1 | Anreise per Flugzeug oder zu Fuß über steile Klippenpfade).* Eine gute Alternative: die *Molokai Mule Ride,* eine 6-stündige Maultiertour über die Klippen hinab nach Kalaupapa. Sie schließt die Führung durch die Leprasiedlung mit ein *(100 Kalae Hwy. | Tel. 567-60 88 | www.muleride.com).*

> LOW BUDGET

- Früher war das *Kamuela's Cookhouse* auf Molokai die Cafeteria der Plantagenarbeiter. Heute ist die urige Holzhütte von 1920 ein beliebtes, preiswertes Lokal, das oft auch hawaiische Kost serviert. *Kualapuu | Tel. 567-96 55 | €*
- In Molokai kann man noch wirklich die Früchte des Landes genießen. Überall im fruchtbaren Ostteil der Insel finden Sie kleine Plantagen, und oft weisen kleinen Stände und Schilder auf Direktverkauf hin. Für ein paar Dollar gibt es wunderbar frische Papayas, Mangos, Avocados, Ananas und Kokosnüsse.
- Das *Blue Ginger Cafe* ist der Treff auf Lanai: Morgens zu frischem Gebäck und Omeletts, mittags zu *Saimin*-Nudeln und Fischsandwiches – und kein Gericht kostet mehr als 10 $. *409 Seventh St. | Lanai City | Tel. 565-63 63 | €*

MOLOKAI RANCH [128 B2]

Die riesige Ranch (2000 Rinder) im Westen der Insel hat sich dem Tourismus geöffnet. Eine von Sheraton geführte Lodge und ein Zeltcamp am Strand bieten Übernachtung in angenehmen, gut eingerichteten Zelten mit festen Wänden. Hier kommen Aktivurlauber voll auf ihre Kosten mit abenteuerlichen Ausritten, Bike-, Kajak- und Wandertouren. *100 Maunaloa Hwy. | Maunaloa | Tel. 660-28 24 | www.molokai-ranch.com | €€–€€€*

LANAI CITY

[129 D4] **Die Hauptstadt (3200 Ew.) und einzige Stadt der Insel liegt rund 500 m über dem Meer, fast exakt im geografischen Mittelpunkt von Lanai.** Zwischen hohen Norfolkkiefern stehen lange Reihen einstöckiger Holzhäuser mit Wellblechdächern, die früher die Ananasgesellschaft für ihre Arbeiter gebaut hatte. Lanai City ist ein verträumtes Landstädtchen, in dem man sich vor dem Postamt oder in den wenigen Läden und den drei Cafés der Seventh Street zum Schwatzen trifft.

SEHENSWERTES

Für Touren auf den Schotterstraßen ins Hinterland ist ein Allradwagen unumgänglich. Zu mieten am besten bei: *Dollar Rent A Car | Lanai City | Tel. 667-77 21*

GARDEN OF THE GODS [128 C4]

Gut 10 km nordwestlich von Lanai City liegt der Göttergarten: ein spärlich bewachsenes Labyrinth roter Lavafelsen und seltsam geformter Steine, die nach hawaiischer Sage von den Göttern hier verstreut wurden. Besonders schön sind die Lavafelsen natürlich bei Sonnenuntergang.

KANOLU VILLAGE

Die Ruinen eines althawaiischen Dorfes, das vor 500 Jahren bewohnt war. Ein Lehrpfad führt zu Tempel- und Hausplattformen und zur alten Residenz König Kamehamehas *(nicht weit vom Flughafen, genaue Anfahrt im Hotel erfragen).*

Lanai: Der Garden of Gods ist eine bizarre Felslandschaft aus rotem Lavagestein

ESSEN & TRINKEN

LANAI CITY GRILLE

Das ausgezeichnete Restaurant des Hotels Lanai serviert fangfrischen Fisch am offenen Kamin. Die Verandabar ist beliebter (und einziger) abendlicher Treff der Insulaner. *Lanai Ave. | Tel. 565-72 11 | €€*

EINKAUFEN

LANAI ART PROGRAM

Insider Tipp

Galerie und Workshop der Inselbewohner: naive Malerei, mit bunten Ornamenten bestickte Decken. *339 Seventh St. | Tel. 565-75 03 | www.lainaiart.org*

LANAI CITY

Am Strand der Manele Bay auf Lanai

ÜBERNACHTEN

FOUR SEASONS RESORT MANELE BAY

Ruhe und Exklusivität verspricht dieses luxuriöse Strandhotel – das einzige der Insel. *236 Zi.* | *1 Manele Bay Rd.* | *Tel. 565-20 00* | *www.fourseasons.com* | €€€

LANAI

Das winzige Hotel von 1923 war jahrzehntelang die einzige Unterkunftsmöglichkeit auf der Insel und ist heute eine gemütliche Alternative zu den Luxusresorts. Rechtzeitig reservieren! *11 Zi.* | *828 Lanai Ave.* | *Tel. 565-72 11* | *www.hotellanai.com* | €€

THE LODGE AT KOELE

Hawaii einmal ganz anders: ein elegantes Landhotel im Stil eines englischen Herrenhauses, hoch in den grünen Hügeln. Behagliche große Zimmer, teils mit offenem Kamin. 2006 umfassend renoviert. Per Shuttle oder (kostenlosem) Fahrrad sind Sie schnell in Lanai City. Mehrere sehr gute Restaurants, Golf, Reitstall. *102 Zi.* | *Lanai City* | *Tel. 565-40 00* | *www.fourseasons.com* | €€€

> BÜCHER & FILME

Surfwellen und tropische Natur bieten ideale Kulissen

- **Blaues Hawaii** – Der schönste der Elvis-Filme, die auf Hawaii gedreht wurden. Kulisse des herrlich schmalzigen Musikfilms von 1961 ist vor allem Kauai.
- **Blue Crush** – Der Teenfilm von 2003 ist Pflichtprogramm für alle Surf fans: Drei umwerfend gut wellenreitende Girls stellen sich den Monsterwellen an der Nordküste von Oahu.
- **Jurassic Park** – Steven Spielbergs Welterfolg (1993) bevölkerte die grünen Dschungeltäler von Kauai mit T-Rex- und anderen lebensechten Dinos.
- **Neueste Paradies Nachrichten** – Der britische Satiriker David Lodge nimmt sich der Touristenwelt in Waikiki an. Ein wunderbar präzises und amüsantes Buch (1992).
- **Hawaii** – Gut gestalteter Bildband des Fotografen Ulli Seer, der Lust macht auf die Inseln. Texte von Karl Teuschl (2001).
- **Hawaii** – Ideal zur Vorbereitung. Keiner hat so gut wie James Michener die Geschichte Hawaiis literarisch verarbeitet: als große Saga von den polynesischen Zeiten bis ins 20. Jahrhundert (1959).

SPORT & STRÄNDE

GOLF

Der von dem Australier Greg Norman hoch in den Bergen gebaute 18-Loch-Platz ★ *The Experience at Koele* wird auch die anspruchsvollsten Golfer zufriedenstellen – mit herrlicher Aussicht auf die umliegenden Inseln. Unten an der Küste wartet neben dem *Manele Bay Hotel* ein weiterer spektakulärer 18-Loch-Platz (von Golfguru Jack Nicklaus).

MUNRO TRAIL ★

Der 12 km lange Wanderpfad beginnt nahe der *Lodge at Koele* und führt mit hinreißenden Aussichten über die zerklüftete, dicht bewaldete Nordflanke der Insel zum Gipfel des *Lanaihale* und an der Ostseite des Bergs wieder zum Tal (bei gutem Wetter auch mit Allradwagen zu befahren).

STRÄNDE

Der schönste Badestrand Lanais: der geschützte *Hulopoe Beach* an der Südküste. Einsamer, doch mitunter windig: *Polihua Beach* an der Nordwestküste mit herrlichem Blick auf die Insel Molokai (nur zu Fuß oder mit Allradwagen).

AUSKUNFT

LANAI VISITORS BUREAU

730 Lanai Ave. | Lanai City | Tel. 800/947-47 74 | www.visitlanai.net

Per Jeep – oder noch schöner zu Fuß – den Munro Trail hinauf zum 3370 m hohen Lanaihale

> IM HAUS DER SONNE

Genau die richtige Mischung: buntes Leben am Strand und stille Natur im Hinterland

> Nach der hawaiischen Mythologie fing einst der Halbgott Maui mit seinem Lasso am Gipfel des Hauptvulkans der Insel die Sonne ein. Er ließ sie erst wieder frei, als sie ihm versprochen hatte, ihre tägliche Bahn über seiner Insel zu verlangsamen. Die dankbaren Hawaiianer benannten ihre Insel nach diesem Halbgott, und der Vulkan bekam den Namen *Haleakala* – Haus der Sonne.

Maui (130 000 Ew.), mit 1885 km^2 Fläche die zweitgrößte Insel des Staates, ist heute nach Oahu auch die beliebteste. Bauboom und touristischer Rummel schwappten von Waikiki nach Maui über – mit trendiger Strand- und Surferszene, guten Golfplätzen und einem lebendigen Nachtleben. Dank ihrer Größe hat die Insel den Touristenzustrom gut verkraftet. Die langen Strände sind zwar belebt, doch nicht überlaufen. Hotels und Apartmentanlagen konzentrieren sich auf zwei Regionen: *Kaanapali*

Bild: Krater des Haleakala

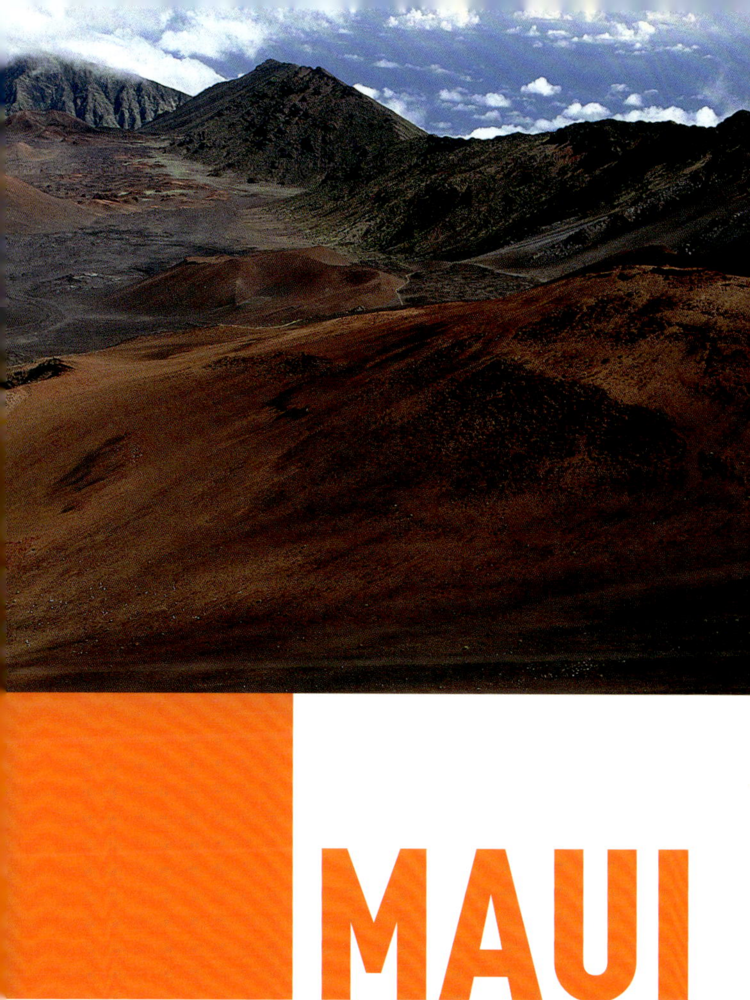

MAUI

und die Küste von *Kihei* bis *Makena*. Im weiten Hinterland, an der Nordküste und in den Bergen regiert die Natur – mit Wasserfällen, Regenwäldern und vulkanischen Aschewüsten.

Eine kaum 10 km breite Landbrücke verbindet die beiden gewaltigen Gebirgsmassive der Insel, den großen Bergstock des gut 3000 m hohen *Haleakala Crater* und die flacheren *West Maui Mountains*. Dort und an den sanft ansteigenden Hängen der Berge findet sich fruchtbarer roter Boden, die Grundlage für Mauis blühende Landwirtschaft. Exotische Früchte, Zuckerrohr, Ananas und Gemüse werden hier angebaut und sogar Wein. Weiter im Hochland liegen die Ranches und kühle Wälder. Ganz oben schließlich, am meist von dichten Wolken umkränzten Gipfel des Haleakala, gedeihen im kargen Lavagestein noch seltene einheimische Pflanzenarten wie das Silberschwert.

Maui war schon zu früheren Zeiten eine der beliebtesten Inseln. Als Kamehameha I. Ende des 18. Jhs. die Armee des Königs von Maui besiegt hatte, wählte er *Lahaina* an der sonnigen Westküste der Insel als Hauptstadt seines neuen Königreiches aus. Längst übernahm *Wailuku* an der Nordküste die Funktion der Hauptstadt. Aber für die Besucher ist Lahaina nach wie vor der schönste Ort der Insel, mit historischen Sehenswürdigkeiten, guten Restaurants und buntem Straßenleben. Außerdem eignet es sich gut als Ausgangspunkt für Ausflüge. Trotz aller Strandverlockungen sollten Sie zumindest eine Fahrt auf den Gipfel des *Haleakala* und eine Tagestour an die tropische grüne Nordküste bei *Hana* unternehmen.

HALEAKALA NATIONAL PARK

[131 D–E4] Auf 60 km Länge klettert der Highway die sanft ansteigende Flanke des Mount Haleakala hinauf, bis in gut 3000 m Höhe der Gipfel des gewaltigen Schildvulkans im Ostteil Mauis erreicht ist.

Sportliche Herausforderung: Auf dem Sliding Sands Trail hinab in den Krater und weiter gen Osten

Der ★ *Haleakala Crater* am Gipfel steht dem mächtigen Berg in nichts nach: Mit ca. 11 km Länge und 1000 m Tiefe ist er einer der größten Krater der Welt. Beim Aussichtspunkt am Ende des Hwy. 378 liegt vor Ihnen eine gespenstisch stille Mondlandschaft: vielfarbige Aschekegel, kleine Krater und erkaltete Lavaströme in allen Rot-, Grau- und Braunschattierungen. Seit den letzten kleineren Ausbrüchen um 1790 ruht der Berg. Messungen zeigen jedoch, dass es tief unten im Vulkan noch grummelt.

Der 110 km^2 große National Park umfasst den gesamten Krater und reicht an der Südostflanke bis hinab zum Meer (über den Hwy. 360). Er bietet Lebensraum für die seltenen Nenegänse und das spektakuläre Silberschwert, eine Pflanze, die nur hier am Gipfel des Haleakala vorkommt. Die längste Zeit des Tages ist der Berg in Wolken gehüllt, doch zum Sonnenauf- oder -untergang glühen die Lavafelsen in tiefem Rot, und der Blick auf die umliegenden Inseln ist frei. Denken Sie an warme Kleidung! Es gibt keine Unterkünfte im Park, Wanderer können aber auf Campingplätzen und in Hütten übernachten.

SEHENSWERTES

KULA BOTANICAL GARDENS

Zahlreiche einheimische Pflanzen und tropische Exoten, z.B. die vielfältige *Protea,* sind in diesem kleinen botanischen Garten zu sehen. Schöner Blick über die Insel. *Tgl. 9–16 Uhr | Eintritt 7,50 $ | Hwy. 377 etwa 5 km nach Abzweigung zum Krater*

ESSEN & TRINKEN

CASANOVA

Insider Tipp

Morgens guter Cappuccino im Deli, mittags und abends Pizza, solide italienische Küche und guter Fisch im Restaurant. *Makawao | Tel. 572-02 20 |* €€

HALIIMAILE GENERAL STORE

Ideal zum stilvollen Abendessen nach dem Sonnenuntergang am Kraterrand. Der alte Kolonialwarenladen ist heute ein Trendrestaurant mit hervorragender amerikanischer Küche. Reservierung nötig! *900 Haliimaile Rd. | Tel. 572-26 66 |* €€€

FREIZEIT & SPORT

BIKE-TOUREN

60 km geht es vom Gipfel des Haleakala bergab bis zur Küste. Schöner und preisgünstiger als die vielfach

MARCO POLO HIGHLIGHTS

★ Haleakala Crater
Auf einer Höhe von 3000 m tut sich eine bizarre Mondlandschaft auf (Seite 70)

★ Highway nach Hana
Steilküsten, Wasserfälle und dichter Dschungel warten an der kurvigen Panoramastraße (Seite 73)

★ Hookipa Beach
Die Bühne der besten Windsurfer Hawaiis: Wind und Wellen sind perfekt (Seite 77)

★ Grand Wailea Resort
Ein Mega-Ferienhotel der Luxusklasse – Baukosten: rund 600 Mio. Dollar (Seite 78)

★ Lahaina
Bunte Läden, historische Häuser – der alte Walfängerort bietet die schönste Flaniermeile Mauis (Seite 80)

★ Pacific '0
Nouvelle Cuisine mit Terrasse und Hafenblick (Seite 82)

angebotenen geführten Touren ist es, auf eigene Faust ein Rad zu mieten. Die *Haleakala Bike Co.* vermietet Räder und bringt Sie auch zum Gipfel. Für die Fahrt bergab können Sie sich den ganzen Tag Zeit lassen *(60–100 $ | 810 Haiku Road | Tel. 575-95 75 | Haiku | www.bikemaui.com).*

HIKING

Gut 50 km Wanderpfade durchziehen den Krater. Der *Halemauu Trail* führt 1,6 km zum nördlichen Kraterrand und dann etwa 5 km in den Krater hinein. Vom Ende des Highways klettert der steile *Sliding Sands Trail* am Südrand hinab in den Krater und weiter zur Ostseite. Von dort können Sie in einer Tageswanderung bis zur Küste marschieren.

PONY EXPRESS TOURS

2-stündige oder ganztägige Ausritte auf der Haleakala Ranch oder im National Park. *Kula | Tel. 667-22 00 | www.ponyexpresstours.com*

AUSKUNFT

HALEAKALA NATIONAL PARK

Besucherzentrum mit Ausstellungen am Parkeingang. Im Sommer geführte Wanderungen mit Rangern. *Visitor Center* am Kraterrand *(tgl. 7.30–15.30 Uhr | pro Fahrzeug 10 $ | P. O. Box 369 | Makawao | Maui | Tel. 572-44 00 | www.nps.gov/hale).*

HANA

[131 F4] Hana, heute ein verschlafenes Ranchstädtchen, war früherein wichtiger hawaiischer Siedlungsort und einst Schauplatz blutiger Schlachten. Königin Kaahumanu, die Lieblingsfrau Kamehamehas I., wurde 1768 hier geboren. Sie war es, die nach dem Tod des Königs das alles beherrschende Kapusystem abschaffte, das auf Tabus gründete. Bis heute ist ein hoher Prozentsatz der 700 Einwohner Hanas hawaiischer Abstammung.

Das kleine *Hana Cultural Center* oberhalb des schwarzen Strandes an der Hana Bay dokumentiert mit alten Fotos die Geschichte der Region. Außerdem zeigt es hawaiische Quiltdecken und *kapa* (Baumrindenkleidung). Sehenswert sind auch die zahlreichen Orchideenfarmen und botanischen Gärten in Hana. Die größte und schönste Anlage: *Kahanu Gardens* (Insider Tipp) an der Ulaino Road in einer grandiosen Lage an der Küste *(Mo bis Fr 10–14 Uhr | Eintritt 10 $ | www.ntbg.org).*

ESSEN & TRINKEN

HANA RANCH RESTAURANT

Salate, Fisch und japanische Kost auf der Veranda mit Blick übers Meer. *Täglich Frühstück und Lunch, Fr/Sa nur abends | Hana Ranch Center | Tel. 270-52 80 |* €€

ÜBERNACHTEN

BAMBOO INN

Ein tropischer Traum mit blütenumrankten Hütten nur wenige Schritte von der Hana Bay. *7 Zi. | P. O. Box 374 | Tel. 248-77 18 | www.bambooinn.com |* €€–€€€

HOTEL HANA-MAUI

Begeisterte Besucher schwärmen oft von dem Städtchen als *Heavenly Hana,* und „himmlisch" ist vor allem dieses luxuriöse Südsee-Resort mit kleinen Bungalows im Plantagenstil.

96 Zi. | *P.O. Box 9* | *Tel. 248-82 11* | *www.hotelhanamaui.com* | €€€

ZIELE IN DER UMGEBUNG

HIGHWAY NACH HANA ★

„Der Weg ist das Ziel." Dies trifft wohl auf nichts besser zu als auf die kurvige Panoramastrecke des Hwy. 360 entlang der von dichtem Urwald überwucherten Nordostküste Mauis. Über weite Strecken kommt kein Haus in Sicht, jedes kleine Seitental birgt Wasserfälle und stille Teiche. Über 54 Brücken führt die nur zweispurige Landstraße rund 80 km weit die Küste entlang. Doch unterschätzen Sie die Entfernung nicht: Hin und zurück ist die Fahrt vom Westen der Insel aus eine Tagestour. Die schönsten Punkte von West nach Ost: *Twin Falls* [131 D2] und *Waikamoi Falls* [131 D3], zwei Wasserfälle tief im Dschungel mit idyllischen Badeteichen, die wellenumtoste Halbinsel von *Keanae* [131 E3] und *Waianapanapa State Park* [131 F4], wo das Meer an einen pechschwarzen Strand brandet. Ein Weg führt zu Lavahöhlen, von denen eine nur unter Wasser zu erreichen ist – was besonders Liebespaare anzieht.

Insider Tipp

OHEO POOLS [131 F4]

Südlich von Hana verschlechtert sich die Straße (Hwy. 31) und ist ab *Kipahulu* nur noch mit Allradfahrzeugen zu befahren. Doch die Fahrt bis Kipahulu lohnt sich: Kleine Plantagengärten wechseln ab mit dichtem Urwald, oft bieten sich herrliche Aussichten über die felsige Küste und auf sprühende Wasserfälle, die an der regenreichen Ostflanke des Haleakala herabfallen. Besonders schön ist, nur

Ein Strand aus schwarzer Lava: Waianapanapa State Park an der Ostküste Mauis

etwa 5 km von Hana, ein Abstecher Insider Tipp auf der *Hano'o Road* zur *Hamoa Bay,* einer Strandbucht wie aus dem Bilderbuch. Höhepunkt der Strecke ist der *Oheo Gulch* mit den *Oheo Pools,* ein Naturschutzgebiet, das zum *Haleakala National Park* gehört. Mehrere Bäche strömen hier aus den Bergen und schaffen inmitten üppiger Dschungelvegetation malerische Wasserfälle und kleine Tümpel. Die *Seven Sacred Pools,* wie die leider oft recht überlaufenen Teiche manchmal auch genannt werden, sind eine Reihe stufenförmig zum Meer hin abfallender Becken – und gar nicht heilig. Ihr Name beruht auf einem Missverständnis. Dafür sind sie sehr beliebt zum Baden (Vorsicht bei hohem Wasserstand!). Oberhalb der Straße können Sie auf Wanderwegen mehrere Wasserfälle erreichen – und weitere verschwiegene Badeteiche.

>LOW BUDGET

- Ein gebrauchtes Surfboard oder ein altes original Hawaiihemd? Beim *Maui Swap Meet* in Kahului finden Sie allwöchentlich unzählige Stände und billigste Preise. *Sa 7–12 Uhr | S Puunene Ave. (neben dem Postamt)*
- Das Zelten im *Halakala National Park* kostet nur den Eintritt in den Park *(10 $/Auto).* Der *Hosmer Grove Campground* liegt im kühlen Hochland, der *Kipahulu Campground* an der Küste. *Max. 3 Nächte | keine Reservierung | www.nps.gov/hale*
- Das *Kaanapali Beach Hotel* veranstaltet jeden Abend gegen 18.30 Uhr zu einem Drink eine kostenlose Hula-Show im Garten mit Blick auf den Sonnenuntergang. *2525 Kaanapali Parkway | Lahaina*
- Die günstigsten Unterkünfte im Osten Mauis bietet *Hana Accomodations:* vier rustikale Bungalows zu 70–150 $ am Meer und an Badeteichen. *Tel. 248-78 68 | www.hana-maui.com*
- Selbst in Lahaina und Kihei gibt es einfache hawaiische Lokale mit *plate lunches* unter 10 $. Meist liegen sie in kleinen Shoppingcenter. Beispiel: *Da Kitchen* in der *Rainbow Mall* in Kihei – versteckt gelegen und beliebt bei den Einheimischen *(2439 S Kihei Rd. | Tel. 875-77 82 | €).*

KAHULUI/ WAILUKU

[130 B–C3] **Die zu einem großen Siedlungsraum verwachsene Doppelstadt mit etwa 60000 Einwohnern ist das wirtschaftliche Zentrum der Insel.** Hier lebt und arbeitet die normale Bevölkerung, touristische Einrichtungen sind nur spärlich vorhanden.

In der weiten Küstenebene an der Kahului Bay liegt *Kahului,* das 1948 als eine Zuckerrohrstadt gegründet wurde. Heute ist es ein gesichtsloser Ballungsraum mit Shoppingmalls und dem Flughafen. Über die Kaahumanu Avenue kommen Sie schnell ins ältere *Wailuku,* die Inselhauptstadt am Fuß der West Maui Mountains. In der Market Street im Ortszentrum herrscht etwas angestaubter Charme mit Pfandhäusern, kleinen Läden und rustikalen Cafés. Der Ort ist sehr beliebt bei den Surfern, die an den Stränden der Nordküste den guten Wind ausnutzen. Als Wahrzeichen Wailukus gilt die 1876 erbaute

Kaahumanu Church, in der bis heute sonntags die Hymnen auf Hawaiisch gesungen werden.

SEHENSWERTES

BAILEY HOUSE MUSEUM

Eine eigenwillige historische Ausstellung. Klein, aber schön gelegen in einem alten Missionarshaus. Auch eines von Duke Kahanamokus alten Surfbrettern – nicht aus Kunststoff, sondern aus Redwood-Holz – ist zu sehen. *Mo–Sa 10–16 Uhr | Eintritt 5 $ | 2375-A Main St.*

ESSEN & TRINKEN

SAM SATO'S

Authentisches, sehr beliebtes Saiminlokal, in dem die köstliche hawaiische Nudelsuppe serviert wird. Auch bekannt für *Manju*-Gebäck. *1750 Wili Pa Loop | Tel. 244-71 24 | €*

ÜBERNACHTEN

HAPPY VALLEY HALE ▶▶

Einfaches, aber kürzlich renoviertes Hostel in ruhiger Seitenstraße am Ortsrand; nur zehn Betten im Haupthaus und in kleinen Hütten nahe Wailuku. Nette Besitzerin, auch Vermittlung von Privatzimmern. *332 Alahee Dr. | Tel. 870-91 00 | www.nonalanicottages.com | €*

SPYGLASS HOUSE

Individuelle Zimmer in zwei Häusern am Meer bei Paia, beliebt bei Surfern. *6 Zi. | 367 Hana Hwy. | Tel. 579-86 08 | www.spyglassmaui.com | €–€€*

FREIZEIT & SPORT

ALEX AIR

60- bis 90-minütige, spannende Rundflüge über den Haleakala Crater, die spektakuläre Nordküste Mauis und über ganz Molokai. *Preise: 125–250 $ | Kahului Airport | Tel. 888/418-84 55 | www.helitour.com*

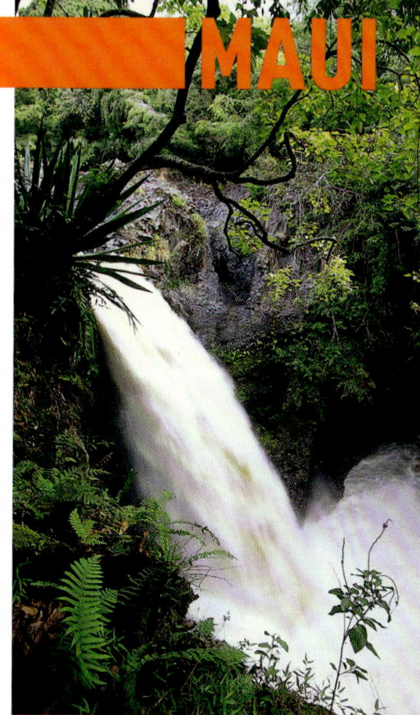

Zahlreich sind die Wasserfälle, die an der Ostseite des Haleakala hinabstürzen

HAWAIIAN ISLAND SURF & SPORT

Eine gute Anlaufstelle für Windsurfer beim Flughafen von Kahalui: Kurse, Vermietung von Segeln und Boards und viele Tipps für die besten Strände; auch eine Vermittlung von Unterkünften wird angeboten. *Miete für eine Woche: ab 120 $ | 415 Dairy Rd. | Suite A | Tel. 871-49 81 | www.hawaiianisland.com*

AUSKUNFT

MAUI VISITORS BUREAU

1727 Wili Pa Loop | Wailuku | Tel. 244-35 30 und 800/525-62 84 (kostenlos) | www.visitmaui.com

ZIELE IN DER UMGEBUNG

ALEXANDER & BALDWIN SUGAR MUSEUM [130 C3]

Eine gute Einstimmung auf das ländliche Hawaii. Alte Fotos und Arbeitsgeräte zeigen in einem Vorarbeiterhaus das Leben auf den Zuckerrohrplantagen. Von der Fabrik nebenan steigt süßlicher Dampf auf, riesige Lkws bringen Nachschub an Zuckerrohr. *Mo–Sa 9.30–16.30 Uhr | Eintritt 5 $ | am Hwy. 350 | Puunene | www.sugarmuseum.com | ca. 15 km südlich von Kahului*

IAO VALLEY [130 B3]

Etwa 5 km führt die Verlängerung der Kaahumanu Road von Wailuku aus in dieses lauschig grüne Tal, das umrahmt wird von den steilen Hängen der *West Maui Mountains.* Hier schlug Kamehameha I. im Jahr 1790 die entscheidende Schlacht um Maui und besiegte den mauischen König Kahekili. Etwa auf halber Höhe liegt der *Kepaniwai County Park,* eine hübsche, wenn auch vernachlässigte Gartenanlage mit nachgebauten Häusern der früheren Einwanderer auf Maui und einem *Nature Center.* Am Ende der Straße ragt schließlich die *Iao Needle* fast 370 m hoch über dem Tal auf, ein vulkanischer Monolith, überwuchert von üppigem Dschungel. Kurze Spazierwege führen den Bach entlang und zu den verschiedenen Aussichtspunkten.

Insider Tipp

MAUI TROPICAL PLANTATION [130 B3]

Ein touristisches Spektakel, aber wenn Sie das erste Mal in den Tropen sind, lohnt sich der Überblick über die Nutzpflanzen Hawaiis. Restaurant und großer Hawaiiladen. *Tgl. 9–17 Uhr | Führungen 11 $ | etwa 3 km südlich von Wailuku am Hwy. 30*

NORDKÜSTE [130 A–B2]

Eine Fahrt auf dem Hwy. 340 um die Nordspitze der Insel herum wird zwar von den Mietwagenfirmen nicht gern gesehen, ist aber bei gutem Wetter kein Problem. Höhepunkt der Route: das althawaiische Dorf *Honokohau* und kurz davor die gut sortierte *Kaukini Gallery* mit typischer Kunst der Inseln und einem herrlichen Blick in die weite Landschaft hinein. *25 km nordwestlich von Kahului*

Insider Tipp

Willkommen in Paia, Mauis historischem Plantagenstädtchen und Szenetreff der Surfer

PAIA ▶▶ [130 C2]

Die alte Zuckerrohrstadt an der Nordküste ist seit Anfang der 1980er-Jahre ein Szenetreff der Windsurfer auf Maui. Hinter den verwitterten Holzfassaden finden Sie nostalgische Plantagenläden, aber auch witzige Boutiquen und Galerien. Und ganz unkompliziert mischen sich braun gebrannte Surfboys mit den stoppelbärtigen Plantagenarbeitern und den Althippies, die seit den 1970er-Jahren im Hinterland wohnen.

Bei den Surfstränden Paias wehen sehr verlässlich und das ganze Jahr über die stärksten Winde Hawaiis, wie am berühmtesten der Surfreviere, dem ★ *Hookipa Beach (ca. 10 km östlich von Paia am Hana Hwy),* gut zu beobachten ist. Setzen Sie sich auf die Klippe oberhalb der schmalen Strandbucht und sehen Sie dem bunten Treiben zu: Hier springen die besten Windsurfer der Welt über die im Winter manchmal 6–8 m hohen Wellen, üben Saltos und rasante Manöver. Je nach Wellengang und Jahreszeit tummeln sich hier auch Wellenreiter und Kite-Surfer. Ebenfalls sehr beliebt in der Surfszene ist der *Spreckelsville Beach,* der 10 km östlich von Kahuli zwischen dem Flughafen und Paia liegt.

Ein guter Übernachtungstipp für Surfer ist die *Plumeria Plantation,* die der deutschen Surfweltmeisterin Jutta Müller gehört *(3 Zi. | Pukalani | Fax 876-08 36 | www.windsurfmueller.de | €).*

KIHEI UND DIE SÜDKÜSTE

[130 C4] **Vor gut 20 Jahren gab es hier nur einsame Strände und ein paar Plantagen. Seither hat sich das sonnige Küstenstück an der Maalaea Bay rasend schnell – und ziemlich unkontrolliert – zu einem beliebten Ferienzentrum entwickelt.** Auf rund 15 km ziehen sich inzwischen Apartmentanlagen, Hotels und kleine Shoppingmalls entlang der Küste gen Süden. Die Surfer schätzen die starken Winde, die vor allem nachmittags am Nordende der Bucht wehen. Viele Badeurlauber genießen vor allem die breiten feinen Sandstrände etwas weiter südlich, von denen aus sie im Winter oftmals Wale beobachten können.

Hauptstraße ist die *South Kihei Road,* an der die meisten Hotels und Restaurants liegen. Parallel dazu verläuft einige Kilometer im Landesinnern die Schnellstraße *Piilani Highway.* Im Nordteil des Küstenabschnitts finden Sie vor allem preiswertere, aber durchaus gute Apartments, während im Süden um Wailea und Makena die alle Wünsche erfüllenden Luxusresorts angesiedelt sind – mit herrlichen Golfplätzen und sehr schönen Stränden wie etwa dem 

Makena Beach.

SEHENSWERTES

GRAND WAILEA RESORT ★

Auch wenn Sie nicht hier wohnen wollen, ein Bummel durch das teuerste Grandhotel Hawaiis lohnt sich. 600 Mio. Dollar kostete der Prachtbau mit Hochzeitskapelle und einer großzügigen Gartenanlage. In der Badelandschaft gibt es sogar einen Wasseraufzug. *780 Zi. | 3850 Wailea Alanui Dr. | Wailea | Tel. 875-12 34 | www.grandwailea.com* | €€€

MAUI OCEAN CENTER

In mehr als 60 großen Bassins werden die Fische und Pflanzen des Pazifiks vorgestellt. Dazu gibt es eine Ausstellung über Wale, und in einem Glastunnel können Sie unter Haien durchspazieren. *Tgl. 10–17 Uhr | Eintritt 23 $ | 192 Maalaea Rd. | Maalaea | Tel. 270-70 00 | www.mauioceancenter.com*

ESSEN & TRINKEN

KIHEI CAFFE

Gemütlicher Coffeeshop, beliebt zum Frühstück und Lunch mit deftigen Rührei-Scrambles, prima Himbeergebäck *(raspberry twists)* und frischen Muffins. *1945 S Kihei Rd. | Tel. 879-22 30* | €

SANSEI

Asiatisch-hawaiische Küche mit frischem Fisch und Sushi in bester Qualität. Am Wochenende bis 2 Uhr morgens geöffnet, mit Karaoke-Unterhaltung. *1881 South Kihei Rd. | Foodland Shopping Center | Tel. 879-00 04* | €€

TOMMY BAHAMA ▶▶

Gut zum Lunch mit Blick übers Meer und zum Klamotten-Shopping im angeschlossenen Laden. Ein Tommy-Bahama-T-Shirt muss sein. *Shops at Wailea | 3750 Wailea Alanui Dr. | Wailea | Tel. 879-78 28* | €€

EINKAUFEN

Zahlreiche kleine Shoppingmalls mit Galerien und Restaurants liegen entlang der South Kihei Road, die besten sind das *Azeka Place Shoppingcenter* und ganz am Südende das elegante *Wailea Shopping Village*.

AM ABEND

Die großen Hotels von Wailea und Makena haben alle Lounges und Bars, oft mit Hula-Unterhaltung während der Woche und Bands am Wochenende. Dazu gibt es in Kihei entlang der Hauptstraße zahlreiche Partylokale mit viel Trubel am Abend.

FRED'S MEXICAN CAFE

Riesenportionen scharf gewürzter Tacos und potente Margaritas laden zur abendlichen Party. *2511 S Kihei Rd. | Tel. 891-86 00* | €

LULU'S

Große Kneipe mit nautisch-tropischem Dekor, billigen Drinks und Meerblick. Happy Hour bis 18 Uhr. Später meist Karaoke oder Live-Bands. *1941 S Kihei Rd | Tel. 879-99 44* | €–€€

ÜBERNACHTEN

CASTLE KAMAOLE SANDS

Große, schön begrünte Apartmentanlage gegenüber dem Strand von Kamaole. Alle Zimmer mit Küche. Pool, Tennisplätze. *196 Zi. | 2695 S Kihei Rd. | Tel. 874-87 00 | www.castleresorts.com* | €€–€€€

FOUR SEASONS RESORT WAILEA

Das beste Haus am Platz. Sehr elegant, mit viel Marmor und manikürten Gartenanlagen. Individueller Service, gute Restaurants, Tennis, Golf und schöner Strand. *380 Zi. | 3900 Wailea Alanui Dr. | Wailea | Tel. 874-80 00 | www.fourseasons.com* | €€€

MAUI COAST HOTEL

Modern und gute Mittelklasse; gegenüber dem Strand von Kihei. Große Zimmer, Restaurant. *265 Zi. | 2259 S Kihei Rd. | Tel. 874-62 84 | www.mauicoasthotel.com* | €€

MAUI PRINCE

Dies war einmal das erste Hotel in Makena, und es ist auch heute noch eines der schönsten. Maui Prince liegt direkt am langen Sandstrand und hat einen schönen japanischen Innenhof. Tennisplätze, Golfplatz. *310 Zi. | 5400 Makena Alanui Dr. | Tel. 874-11 11 | www.princeresortshawaii.com* | €€€

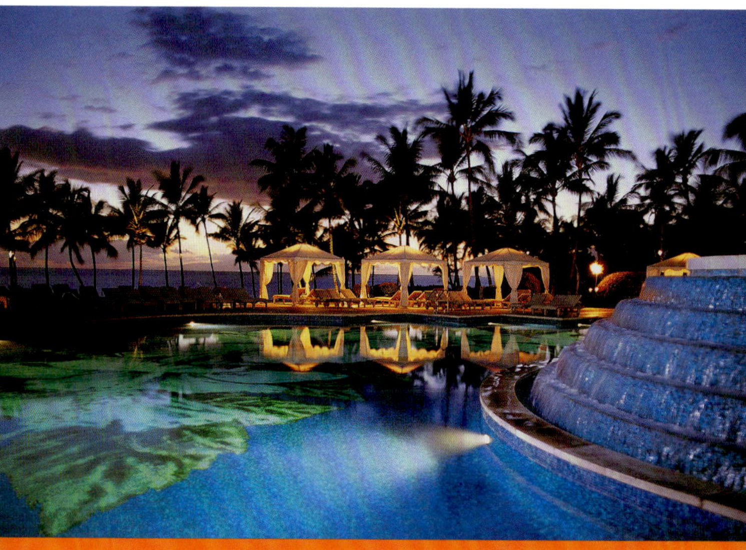

Der Hibiskuspool im teuersten Luxushotel von Hawaii: Grand Wailea Resort

FREIZEIT & SPORT

MAKENA STABLES

Hier bietet man etwa 4-stündige Ausritte in die Hügel von Makena an. *7299 S Makena Rd. | Tel. 879-02 44*

MOLOKINI CRATER

Der kleine, halb unter Wasser gelegene Krater vor der Südküste Mauis gehört für Schnorcheltaucher zu den besonders schönen und beliebten Terrains auf den hawaiischen Inseln. Mehrere Agenturen (z.B. *Blue Water Rafting, Friendly Charters)* bieten Bootsausflüge zum Krater an. Zu buchen in jedem Hotel.

PACIFIC WHALE FOUNDATION

Von Dezember bis April organisiert diese Vereinigung Bootstouren zur Walbeobachtung unter wissenschaftlicher Führung. Ganzjährig werden Schnorcheltouren, Fahrten zur Delphinbeobachtung und Sunset-Kreuzfahrten angeboten. Abfahrten auch von Lahaina aus. *101 N Kihei Rd.* | *Tel. 249-89 77* | *www.pacificwhale.org*

STRÄNDE

Während die Strände im Nordteil Kiheis stark besucht, sehr schmal und oft windig sind, bieten andere Küstenabschnitte wie z.B. *Makena Beach, Wailea Beach* und *Keawakapu Beach* weiter südlich feinen Sand und einsame Weite.

LAHAINA

[130 A3] ★ „Gnadenlose Sonne" bedeutet der hawaiische Name des alten Walfänger- und Plantagenstädtchens (9000 Ew.) an der Westküste. Gnadenlos ist aber auch die touristische Vermarktung des Ortes und der nach Norden hin angrenzenden Strandregion *Kaanapali Beach,* an der sich die Großhotels aneinanderreihen. Dennoch hat sich der Ort seinen Charme bewahrt: Alte Holzhäuser säumen die Front Street, und vor dem fotogenen *Pioneer Inn* am Hafen herrscht buntes Treiben der Surfer und Yachties. Wenn dann malerisch hinter dem alten Walfängerschiff die Sonne tiefrot ins Meer sinkt, ist man mit Lahaina wieder versöhnt.

Die Sonne und die schöne Lage am Fuß der West Maui Mountains waren es, die einst Kamehameha I. dazu veranlassten, seinen Hof nach Lahaina zu verlegen. Später wurde die Stadt zum wichtigsten Walfän-

Der historische Zweimastsegler am Hafen von Lahaina ging früher auf Walfang

gerhafen im Pazifik. Nach 1860 aber ging der Walfang zurück, und Lahaina versank in einen Dornröschenschlaf, aus dem es erst der moderne Tourismus wieder weckte. Geblieben sind von der alten Walfängerherrlichkeit nur die Wale, die heute wieder in zunehmender Zahl den Winter im flachen Meer zwischen Maui und Lanai verbringen.

SEHENSWERTES

BALDWIN HOME

Die Ausstellungen im ältesten Haus Lahainas illustrieren das Leben des Arztes und Missionars Dwight Baldwin. *Tgl. 10–16 Uhr | Eintritt 3 $ | Front St./Dickenson St.*

HISTORISCHE STÄTTEN

Mithilfe des in allen Hotels ausliegenden „Lahaina Historical Guide" können Sie einen Rundgang zu den historischen Stätten unternehmen: zu den Häusern der Missionare und Kapitäne, dem alten Gefängnis und dem herrlichen, 1873 gepflanzten *Banyanbaum* im Ortszentrum.

WHALERS VILLAGE MUSEUM

Insider Tipp

Kleines, hochinteressantes Museum zur Walfanggeschichte Mauis im Obergeschoss eines Shoppingcenters. *Tgl. 9–22 Uhr | Eintritt frei | Whalers Village | Kaanapali*

WO HING TEMPLE

Das Kolonialhaus von 1912 war früher ein Treffpunkt der Chinesen in Lahaina. Heute ist, neben Ausstellungen über die Immigranten aus dem Reich der Mitte, im Obergeschoss ein original taoistischer Altar zu sehen. Im Kochhaus werden historische Filme über Hawaii von Thomas A. Edison gezeigt. *Tgl. 10–16 Uhr | Eintritt frei | 858 Front St.*

ESSEN & TRINKEN

CHEESEBURGER IN PARADISE ▶▶

Legere Freiluftbar auf einer Veranda zwischen Front Street und Meer. Herzhafte Burger, gute *onion rings* und viel Stimmung. *811 Front St. | Tel. 661-48 55* | €

HULA GRILL ▶▶

Schönes Strandrestaurant im Zentrum von Kaanapali Beach. Strandbar mit Drinks, die es in sich haben, und bunter Szene. Unbedingt probieren: *Coconut Shrimp. Whaler's Village | Kaanapali | Tel. 667-66 36* | €€

KIMO'S

Unten eine beliebte Bar, oben auf der Veranda ein solides Fisch- und Steaklokal über den Wellen mit Blick in den Sonnenuntergang. *845 Front St. | Tel. 661-48 11* | €€

LAHAINA

PACIFIC 'O

Gepflegtes Terrassenlokal am Meer mit einfallsreicher amerikanisch-asiatischer Küche. Besonders schön zum Sonnenuntergang. Freitag- und samstagabends spielt eine Jazzcombo. Per Webcam können Sie schon mal schauen: *www.pacificomaui.com. 505 Front St.* | *Tel. 667-43 41* | €€€

EINKAUFEN

An der Front Street drängen sich die Shoppingmalls: *Lahaina Center, Lahaina Market Place, Lahaina Cannery Shoppingcenter* usw. Die Qualität der Souvenirs ist eher fragwürdig, aber mit Geduld finden Sie in den zahllosen Galerien auch etwas nach Ihrem persönlichen Geschmack, vielleicht bedruckte Stoffe aus Tahiti, eine herrlich kitschige Hula-Puppe oder chinesischen Jadeschmuck. Freitagabends stellen örtliche Künstler an der belebten Front Street aus.

AM ABEND

HARD ROCK CAFE

Der klassische Szenetreff. Lange Schlangen vor der Tür, drinnen gibt es dicke Hamburger und Rockmusik. *Lahaina Center* | *Ecke Front St./Papalaua St.* | *Tel. 667-74 00*

MOOSE MCGILLYCUDDY'S

Laute, quirlige Bar im Obergeschoss mit Veranda. Am Wochenende ab 21.30 Uhr gute Rockbands. *Mariners Alley/Front St.* | *Tel. 667-77 58*

OLD LAHAINA LUAU

Ein hawaiisches Fest, nachgestellt für Touristen – aber in sehr romantischer Lage und mit exzellenter Hula-Show. *1287 Front St.* | *Tel. 667-19 98*

ULALENA

Eine sehenswerte artistische Tanz- und Musikshow, die die Geschichte von Hawaii und ihre Mythologie zeigt. *Di–Sa 18.30 Uhr* | *Preise 50–70 $* | *878 Front St.* | *Tel. 661-99 13*

ÜBERNACHTEN

HOUSE OF FOUNTAINS

Von einer deutschen Familie geführte Frühstückspension, etwas außerhalb von Lahaina gelegen. Mit Gästeküche und Pool. *6 Zi.* | *1579 Lokia St.* | *Tel. 667-21 21* | €€–€€€

KAANAPALI BEACH HOTEL

Angenehmes, legeres Strandhotel in bester Lage direkt am Kaanapali Beach und nur ein paar Schritte vom Whalers Village. Gartenanlage mit großem Pool. *430 Zi.* | *2525 Kaanapali Parkway* | *Tel. 661-0011* | *www.kbhmaui.com* | €€–€€€

NOELANI CONDO RESORT

Insider Tip

Eine kleine, tropisch umgrünte Apartmentanlage direkt am feinen Sandstrand der Napili Bay, einer idyllischen Bucht am Westende von Kaanapali. Ein Restaurant mit Blick aufs Wasser finden Sie gleich nebenan. *45 Zi.* | *4095-L Lower Honoapiilani Rd.* | *Napili Bay* | *Tel. 669-83 74* | *www.noelani-condo-resort.com* | €–€€

OUTRIGGER NAPILI SHORES

Leger, komfortabel und direkt am Meer: Apartments auf einer Klippe über der herrlichen Napili Bay. *100 Zi.* | *5315 Honoapili Rd.* | *Napili Bay* | *Tel. 669-80 61* | *www.outrigger.com* | €€–€€€

RITZ-CARLTON KAPALUA
Ein Traum für Golfer – aber nicht nur. Das elegante Resort liegt auf einer Anhöhe über dem Meer westlich von Lahaina. Ringsum ziehen sich über das Gelände einer alten Ananasplantage drei Golfplätze. Mehrere exzellente Restaurants, Tennisplätze, große Poolanlage. *552 Zi. | 1 Ritz-Carlton Dr. | Kapalua | Tel. 669-62 00 | www.ritzcarlton.com* | €€€

FREIZEIT & SPORT

HIKE MAUI
Hier gibt es geführte Tageswanderungen zu versteckten Wasserfällen und Dschungelwäldern. *P. O. Box 330969 | Kahului | Tel. 879-52 70 | www.hikemaui.com*

ISLAND RIDERS
Vermietung von Harley-Davidsons für den Easy Ride über die Insel. *126 Hinau St. | Tel. 661-99 66 | www.islandriders.com*

SUNSHINE HELICOPTERS
Rundflüge über Maui, zum Haleakala Crater und entlang der Nordküste nach Hana. *Preise ab 140 $ | Abflug vom Kahului Heliport | Tel. 270-39 99*

WASSERSPORT
Im Hafen von Lahaina und bei den Hotels am Kaanapali Beach finden Sie alles: Jet-Skis, Boote zum Parasailing, Segelboote und Katamarane zur Schnorcheltour oder zur romantischen Dinnercruise.

STRÄNDE
Die besten Beaches liegen nördlich von Lahaina: der kilometerlange *Kaanapali Beach,* die hübschen Buchten von *Napili* und *Kapalua* sowie die verschwiegene *Honokahua Bay,* die sich gut zum Schnorcheln eignen. Jenseits von Kapalua im äußersten Westen der Insel folgt der *D. T. Fleming Beach Park,* ein breiter, oft fast menschenleerer Sandstrand. Die lang geschwungene Palmenbucht wurde 2006 sogar zum besten Strand der USA erklärt. Vorsicht aber, im Winter herrscht hier manchmal hoher Wellengang.

Lichterglanz in der Front Street, der Einkaufsstraße von Lahaina

> ORCHIDEEN UND VULKANE

Die jüngste und größte Insel des Archipels bietet auch die größten Kontraste

> Schon die landschaftliche Vielfalt der Insel ist überwältigend. Karge Lavawüsten wechseln ab mit idyllischen Buchten, dampfenden Regenwäldern und riesigen Rinderweiden. Doch das kulturelle Spektrum steht der Natur kaum nach.

An der Südspitze der Insel landeten im 5. Jh. die ersten Polynesier, auf Big Island wurde Kamehameha I. geboren, der später als der mächtigste Herrscher Hawaiis in die Geschichte einging und von hier aus den Archipel zu einem Königreich einte. Die Überreste großer Tempelanlagen künden von der einstigen Macht der Häuptlinge hier.

Als Erstes müssen Sie sich an die Größe Big Islands gewöhnen, die von Touristen oft unterschätzt wird. Während auf den anderen Inseln alle Sehenswürdigkeiten an einem Tag zu erreichen sind, erfordert es auf Big Island mehrere Autostunden, um von einem Ort zum nächsten zu gelangen.

Bild: Skulpturen der Tempelanlage Puuhonua o Hanaunau an der Kona Coast

HAWAII (BIG ISLAND)

Eine Inselumrundung ist schwer an einem Tag zu schaffen. Denn Hawaii – wegen der häufigen Verwechslung mit dem gleichlautenden Namen des ganzen Staates auch *Big Island* genannt – ist mit 10 450 km² Fläche fast doppelt so groß wie die übrigen Inseln zusammen.

Nur beim Anflug sieht alles noch recht überschaubar aus: eine buchtenreiche Küste, hinter der sich die beiden mächtigen Schildvulkane auftürmen, die die Insel in den letzten 700 000 Jahren schufen. *Mauna Kea* (4205 m) und *Mauna Loa* (4169 m) sind die höchsten Gipfel des Archipels. Wenn man von der Basis der Berge ausgeht, dem hier 5500 m tiefen Meeresboden, darf der Mauna Kea mit 9700 m Gesamthöhe sogar als höchster Berg der Welt gelten. Ein Ableger des Mauna Loa, der *Kilauea* im Osten der Insel, sprudelt munter immer neue Lava aus dem

Erdinneren – ganz sanft und friedlich allerdings, wie es sich für Hawaii gehört. *Drive-in-Vulkan* nennen die Insulaner ihren Kilauea, der sich bestens als touristische Sehenswürdigkeit eignet. Seit Beginn der derzeitigen Eruption 1983 fließt die rot glühende Lava fotogen und beständig – und lässt Big Island jedes Jahr um ein paar Hektar wachsen.

Dass die Ostseite der jüngste Teil Hawaiis ist, zeigen die (wenigen) Strände dieser Region: Sie sind aus körnigem, pechschwarzem Lavasand. Doch die Landschaft ist hier keineswegs öde. Die tropische Vegetation überwuchert die Lava schnell. Das feuchte Klima und der fruchtbare Boden sind ideal für Obstplantagen und Blumenzucht.

Ganz anders dagegen die Westseite: Im Regenschatten der Vulkane herrscht trockenes, sonniges Klima. Rund die Hälfte der 170 000 Bewohner von Big Island lebt hier: vom Tourismus der luxuriösen Ferienhotels an den herrlichen weißen Sandstränden der *Kohala Coast,* von kleinen Kaffee- und Bananenplantagen und von der Rinderzucht im steppenhaften Hochland.

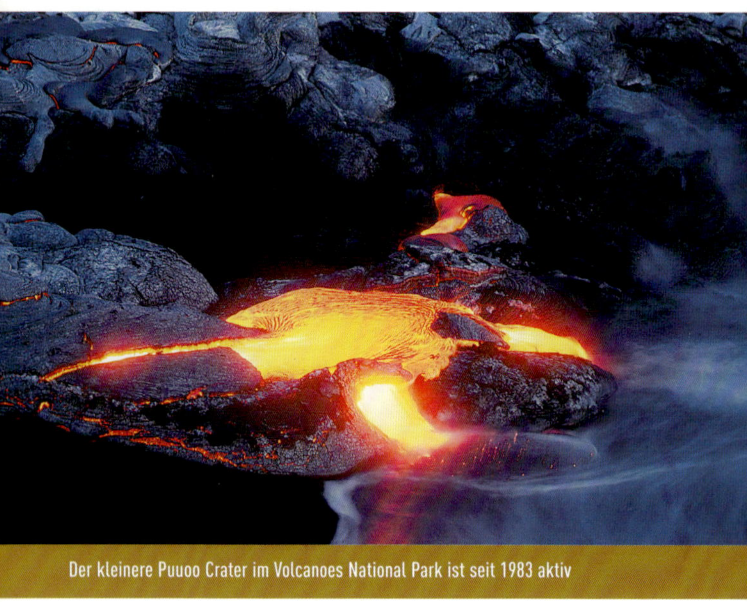

Der kleinere Puuoo Crater im Volcanoes National Park ist seit 1983 aktiv

HAWAII VOLCANOES NATIONAL PARK

[132–133 C–E 4–5] ★ **Die Topattraktion der Insel: Nirgendwo sonst auf der Welt**

können Sie so gut und so sicher vulkanische Aktivitäten beobachten. Der 1916 gegründete, 92 km^2 große Nationalpark umfasst die aktive Vulkanzone an der Ostflanke des Mauna Loa. Parkranger helfen den Besuchern, zu Fuß einen sicheren Weg zur Lava zu finden. Ein wirklich einzigartiges Erlebnis, doch Vorsicht: Jedes Jahr kommen auch Touristen zu Schaden, brechen in die dünne Kruste ein oder holen sich Schwefelvergiftungen. Also: Lange Hosen, eine Taschenlampe (für abends) und feste Schuhe sind Pflicht. Bei Turnschuhen schmelzen die Gummisohlen auf dem heißen Boden!

SEHENSWERTES

KILAUEA CRATER

Kernstück des Parks ist der *Kilauea Crater,* in dessen ovalem Schlund mit gut 4 km Durchmesser die schwarze Lava wie ein Brei erstarrt ist. Der kleinere, seit 1983 aktive *Puuoo Crater* liegt 15 km weiter östlich. Die besten Ausblicke in die schwarze Mondlandschaft des Kilauea bieten sich vom *Crater Rim Drive,* einer Ringstraße, die vom *Visitor Center* am Parkeingang rund um den Krater führt. An ihr liegen auch die interessantesten Sehenswürdigkeiten: das *Jaggar Museum* mit Seismographen und Ausstellungen über vergangene Vulkanausbrüche, schweflig dampfende Fumarolen (vulkanische Dampfquellen), der kleinere *Kilauea Iki Crater* und die *Thurston Lava Tube,* ein alter Lavatunnel, der heute von mannshohen Farnen überwuchert ist. Vom Südrand des Kraters führt die *Chain of Craters Road* zur Küste, an deren Ende häufig zu erleben ist, wie die Lava dampfend und zischend ins Meer strömt. Kommen Sie gegen Sonnenuntergang, (Insider Tipp) wenn es dunkel wird, ist die glühende Lava besonders eindrucksvoll.

ESSEN & TRINKEN

LAVA ROCK CAFÉ

Rustikales Bistro hinter dem General Store. Gutes Frühstück, Internet, Sandwiches zum Mitnehmen. *Volcano | Tel. 967-85 26 | €–€€*

MARCO POLO HIGHLIGHTS

★ **Hawaii Volcanoes National Park**
Drive-in-Vulkan: ganz nah an der glühenden Lava (Seite 86)

★ **Helikoptertouren**
Dampfende Lavaströme aus der Vogelperspektive im Volcanoes National Park (Seite 88)

★ **Akaka Falls**
Ein tropischer Dschungel und ein 135 m tief hinabbrausender Wasserfall (Seite 91)

★ **Four Seasons Hualalai**
Perfekte Strandherberge für die Flitterwochen – nur kostet sie ein Vermögen (Seite 93)

★ **Puuhonua o Honaunau**
Alt-Hawaii: eine uralte Tempelstätte mit restaurierten *heiaus* und hölzernen Statuen (Seite 95)

★ **Waipio Valley**
Ein verträumter Garten Eden mit Wasserfällen und Aussteigern (Seite 97)

THAI THAI

Gut, scharf und reichliche Portionen, ideal nach einem Wandertag. *19-4084 Volcano Road | Volcano Village | Tel. 967-79 69 | €–€€*

ÜBERNACHTEN

CHALET KILAUEA COLLECTION

Breite Auswahl von Unterkünften direkt am Parkeingang: Luxuriös im *Inn at Volcano (6 Zi.),* günstig und gut im *Volcano Hale (6 Zi.)* oder in der *Lokahi Lodge (5 Zi.). Wright Rd. | Volcano Village | Tel. 800-937-77 86 | www.volcano-hawaii.com*

KILAUEA LODGE

Gemütliche historische Lodge einige Minuten Fahrt vom Krater. Gutes Restaurant. Der Koch, ein Ex-Hamburger, hat früher bei der Serie „Magnum" als Visagist gearbeitet. *12 Zi. | Old Volcano Rd. | Volcano | Tel. 967-73 66 | www.kilauealodge.com | €€–€€€*

VOLCANO HOUSE

Das rustikale, älteste Hotel Hawaiis ist tagsüber durch die vielen Tagesgäste recht überlaufen. Dennoch, in einem der 42 Zimmer mit Blick über den Krater ist morgens und abends die Stimmung einzigartig. Auch das Restaurant hat Kraterblick. *P. O. Box 53 | Volcano | Tel. 967-73 21 | www.volcanohousehotel.com | €€*

FREIZEIT & SPORT

HELIKOPTERTOUREN ★

Die sicherste und eindrucksvollste Art, Eruptionen zu beobachten, ist die, selber in die Luft zu gehen. *Safari Helicopters (Tel. 969-12 59 | www.safarihelicopters.com)* und *Sunshine Helicopters (Tel. 866/501-77 38 | www.sunshinehelicopters.com)* bieten rund einstündige Rundflüge vom Flughafen in Hilo aus an *(180–400 $).* Alternativ können Sie zu ähnlichen Preisen auch vom Kona Airport an der Westküste aus längere Rundflüge mit den schnelleren Kleinflugzeugen von *Island Hoppers* unternehmen *(Tel. 329-00 18 | www.hawaiiislandhoppers.com).*

HIKING

Im kühlen Bergklima des Parks auf 1200 m Höhe lässt es sich hervorragend wandern. Die interessantesten Pfade: der 10 km lange *Halamaumau Trail* durch den Krater und der 8 km lange *Kilauea Iki Trail.* Die rund dreitägige Wanderung auf den Gipfel des *Mauna Loa* erfordert Kondition und sollte vorab im *Visitor Center* angemeldet werden.

AUSKUNFT

HAWAII VOLCANOES NATIONAL PARK

Im Besucherzentrum an der Abzweigung der Parkstraße vom Hwy. 11 bekommen Sie Wanderkarten und können sich auch Ausstellungen ansehen. Unter der Telefonnummer des Besucherzentrums erhalten Sie auch Informationen über die aktuellen Eruptionen. *Tgl. 7.45–17 Uhr | Eintritt 10 $ je Fahrzeug | Hawaii Volcanoes National Park | Tel. 985-60 00 | www.nps.gov/havo/*

ZIEL IN DER UMGEBUNG

PUNALUU [132 C5]

Rund 45 km südlich des Parks zweigt vom Hwy. 11 eine kurze Seitenstraße zum *Punaluu Black Sand Beach Park* ab. Dies ist einer der schönsten und am wenigsten überlaufenen schwarzen Strände, für die Big Island berühmt ist. Manchmal kann man auch große Meeresschildkröten beobachten, die hier ihre Eier ablegen.

Restaurants und die japanische Gartenanlage der *Liliuokalani Gardens*. Die Innenstadt Hilos lag früher direkt am Meer, wurde aber von zwei großen Flutwellen 1946 und 1960 zerstört. Das Stadtzentrum entwickelte sich danach zur *Keawe Street* hin, etwas weiter im Inland.

Per Helikopter in den Krater tauchen – die meisten Veranstalter starten von Hilo aus

HILO

[133 E3] **Die Hauptstadt (47 000 Ew.) der Insel und zweitgrößte Stadt des gesamten Staates wirkt wie ein bedächtiges Landstädtchen der 1950er-Jahre.** Hier, an der sichelförmigen Hilo Bay, gibt es keine Traumstrände oder Hotelpaläste. Dafür ist Hilo ein guter Ausgangspunkt für Ausflügezu den Vulkanen und Orchideengärten, Macadamiaplantagen und Anthurienfarmen in der Umgebung. Das feuchte Klima lässt die exotische Flora in vollster Pracht erblühen.

Auf einer kleinen Halbinsel in der Bucht entlang des von majestätischen alten Banyanbäumen gesäumten *Banyan Drive* finden Sie Hotels,

SEHENSWERTES

IMILOA ASTRONOMY CENTER OF HAWAII

Neu und spannend: Alles über Astronomie auf Hawaii – von der Sternennavigation der Polynesier bis zu den modernen Sternwarten auf dem Mauna Kea. *Di–So 9–16 Uhr | Eintritt 14,50 $ | 600 Imiloa Place | University of Hawaii | www.imiloahawaii.org*

LYMAN MISSION HOUSE

Restauriertes Missionshaus von 1839. Im modernen Museum nebenan Ausstellungen über Vulkane, Einwanderer und Pazifikmuscheln. *Mo–Sa 9–16.30 Uhr | Eintritt 10 $ | 276 Haili St.*

PACIFIC TSUNAMI MUSEUM

Fotos, Modelle und Karten erläutern das Phänomen der Tsunamis. Oft erzählen auch Überlebende der historischen Flutwellen von ihren Erlebnissen. *Mo–Sa 9–16 Uhr | Eintritt 7 $ | 130 Kamehameha Ave. | www.tsunami.org*

WAILUKU RIVER STATE PARK

Im *Wailuku River State Park* an der Waianuenue Avenue sprudelt der Fluss über glatt geschliffenes Lavagestein und schießt in den *Rainbow Falls* zu Tal – bei Sonnenschein mit Regenbogen. Einige Kilometer weiter stromaufwärts an der Waianuenue Avenue folgen weitere Wasserfälle und die Klamm der *Boiling Pots,* in der sich der Wailuku River durch Lavagestein seinen Weg bahnt.

ESSEN & TRINKEN

CAFÉ PESTO

Schickes Bistro in einem historischen Bau in der Altstadt. Aus der Küche kommen italienisch-hawaiische Kreationen und fabelhafte Desserts. Gute Weinkarte. *308 Kamehameha Ave. | Tel. 969-66 40 |* €€

KEN'S HOUSE OF PANCAKES ▶▶

Rund um die Uhr geöffnet und sehr beliebt bei den Einheimischen: Riesenportionen, ausgezeichnetes Frühstück. *Hwy. 11/1730 Kamehameha Ave. | Tel. 935-87 11 |* €

SEASIDE RESTAURANT

Insider Tip

Einfaches Fischlokal. Besondere Spezialität: gedämpfter und gegrillter Fisch in mächtigen Portionen. *1790 Kalanianole Ave. | Tel. 935-88 25 |* €

EINKAUFEN

BASICALLY BOOKS

Spezialisiert auf Landkarten, CDs und Hawaiibücher, auch antiquari-

Phantastische Ausblicke und eine üppige Vegetation bietet der Rundweg der Akaka Falls

sche Schätze sind zu entdecken. *160 Kamehameha Ave.* | *www.basicallybooks.com*

SUISAN FISH MARKET

Der beste Fischmarkt der Insel mit sehenswerter Auswahl. *85 Lihiwai St., am Eingang der Liliuokalani Gardens*

ÜBERNACHTEN

ARNOTT'S LODGE ▶▶

Einfaches und billiges Quartier im Stil einer Jugendherberge für Wanderer und junge Leute. Shuttleservice, Touren. *20 Zi.* | *98 Apapane Rd.* | *Tel. 969-70 97* | *www.arnottslodge.com* | €

DOLPHIN BAY HOTEL

Freundliches Motel in einer ruhigen Seitenstraße. *18 Zi.* | *333 Ilaihi St.* | *Tel. 935-14 66* | *www.dolphinbayhilo.com* | €–€€

HILO HAWAIIAN HOTEL

Einfache Mittelklasse, direkt an der Bucht, Zimmer mit Blick aufs Wasser, Pool, Restaurant. *286 Zi.* | *71 Banyan Dr.* | *Tel. 935-93 61* | *www.castleresorts.com/HHH/* | €€

Insider Tipp **SHIPMAN HOUSE**

Ein Schmuckstück: Die prachtvolle Villa eines Ranchers aus dem Jahr 1899 ist heute ein B&B-Inn. Üppige Gärten, historisch-elegantes Flair und sehr freundliche Gastgeber. *5 Zi.* | *131 Kaiulani St.* | *Tel. 934-80 02* | *www.hilo-hawaii.com* | €€€

AUSKUNFT

HAWAII VISITORS BUREAU

250 Keawe St. | *Hilo* | *Tel. 961-57 97* | *www.bigisland.org*

ZIELE IN DER UMGEBUNG

AKAKA FALLS ★ **[133 E2]**

Nordwestlich von Hilo und versteckt im Hinterland liegen am Ende des Hwy. 220 die vielleicht schönsten Wasserfälle der Insel: 135 m tost der *Kolekole Stream* über eine vulkanische Klippe. Ein rund 1 km langer Spazierweg führt durch einen dichten Dschungel, der wie ein natürlicher botanischer Garten mit Bambusdickicht wirkt. *27 km nördlich von Hilo*

HAWAII TROPICAL BOTANICAL GARDEN **[133 E3]**

Die besondere Lage an einer felsigen, umbrandeten Bucht beeindruckt an diesem Garten. Er zeigt noch echten *Regenwald* (Moskitolotion nicht vergessen!). *Tgl. 9–17 Uhr* | *Eintritt 15 $* | *www.htbg.com* | *10 km nördlich von Hilo an der SR 19*

MAUNA LOA MACADAMIA NUT COMPANY **[133 E4]**

Hawaiis größte Plantage und Verarbeitungsbetrieb für Macadamianüsse, die vor gut 100 Jahren aus Australien eingeführt wurden. Mit Souvenirladen. Von September bis April können Sie bei der Verarbeitung zusehen. *Tgl. 8.30–17.30 Uhr* | *Eintritt frei* | *8 km südlich von Hilo am Hwy. 11*

PUNA DISTRICT **[133 E–F4]**

Die äußerste Ostspitze von Big Island ist eine Welt für sich. Farmer leben hier, Althippies und Aussteiger. Es wird nichts für die Dauer gebaut, denn die Lava kann jeden Tag das eigene Haus überrollen. Von Hilo führt der Hwy. 130 zum altmodischen Farmstädtchen *Pahoa*. Von dort können Sie über Kapoho und Kaimu eine Rundfahrt entlang der Küste unternehmen. Sehenswerte Stopps: das *Lava Tree State Monument*, die dramatischen Lavaklippen im *MacKenzie State Park* und die frisch erstarrten Lavaströme bei *Kaimu*.

Die Outrigger-Kanus sind dank ihres Auslegers stabil und trotzdem sehr schnell

Eine – je nach aktuellem Stand der Lavaflüsse vom Kilauea zeitweilig gesperrte – Schotterpiste führt vom Ende der Teerstraße bei Kaimu weiter entlang der Küste. Hier kann man oft abends die rot glühende Lava beobachten (Insider Tipp) (Achtung, in den letzten Jahren waren oft Anfahrt und Fußweg über die *Chain of Craters Road* kürzer). Bringen Sie, falls Sie noch ein Stück zu Fuß gehen müssen, für den Rückweg auf jeden Fall eine Taschenlampe mit.

KAILUA-KONA

[132 B3] Mit den zahlreichen Hotels, Boutiquen, quirligen Souvenirmalls, Restaurants und seinem regen Tourismus ist Kailua sicher der modernste Ort der Insel. Das trockene Klima der Kona-Region an der Westseite von Big Island garantiert fast täglichen Sonnenschein. Durch den Bauboom der letzten Jahre hat Kailua mit nun 37000 Einwohnern der recht feuchten Hauptstadt *Hilo* im Osten schon fast den Rang abgelaufen. Die Hauptstraße der Stadt ist der entlang der Küste verlaufende *Alii Drive.* Dort trifft man sich zu einem gemütlichen Bummel oder um bei Sonnenuntergang dem Training der Outrigger-Kanuten in der Bucht zuzusehen.

SEHENSWERTES

HULIHEE PALACE

Schon Kamehameha I. und spätere Könige hatten in Kailua einen Sommersitz. Der Hulihee Palace von 1838 – heute ein Museum – zeigt das Leben der Könige (bis Herbst 2008 wird renoviert). Gegenüber steht die älteste Kirche Hawaiis, die 1823 aus Lavagestein erbaute *Mokuaikaua Church.* Noch älter ist das *Ahuena Heiau,* eine Tempelplattform vor dem heutigen King Kamehameha Hotel. Nach der Überlieferung hielt hier der König Hawaiis Hof. Nachgebaute Grashütten vermitteln einen Eindruck davon, wie der Ort früher ausgesehen haben muss.

HAWAII (BIG ISLAND)

ESSEN & TRINKEN

BUBBA GUMP SHRIMP CO.

Direkt am Wasser, schön auch zum Frühstück. *75-5776 Alii Dr. | Tel. 331-84 42* | €€

HUGGO'S

Elegantes Dinnerrestaurant mit Terrasse am Meer und ausgezeichneter Küche. Beliebt ist auch die palmenumrahmte Bar *Huggo's on the Rocks* nebenan, für den Drink zum *sundown. Alii Dr./Kahakei Rd. | Tel. 329-14 93* | €€€ | *Bar* €

Insider Tipp

EINKAUFEN

In Freiluftmalls am Alii Drive, z.B. im *Kona Inn Shopping Village*, dem *Kona Marketplace* oder der *Waterfront Row*, finden Sie T-Shirt- und Souvenirläden – und zahllose Galerien mit mehr oder minder kitschiger Hawaiikunst. Am Alii Drive etwas südlich der Innenstadt werden auf dem *Kona Farmer's Market* preisgünstig Gemüse, Ananas, Papayas und auch Kunsthandwerk verkauft *(Mi–So)*.

AM ABEND

KONA VILLAGE LUAU

Authentisches, sehr stimmungsvolles *luau* auf dem Gelände des exklusiven Kona Village Resort. Reservierung nötig! *Mi und Fr um 19 Uhr | Kaupulehu | Tel. 325-55 55*

LULU'S

Trendiges Restaurant, in dem Diskjockeys oder örtliche Bands gastieren. Im Untergeschoss Drinks und Shows bei *Durty Jake's. Alii Dr. | Coconut Grove Marketplace | Tel. 331-26 33*

ÜBERNACHTEN

Am südlichen *Alii Drive* reihen sich Apartmenthotels aneinander, in denen Sie in der Nebensaison ohne Reservierung und günstig übernachten können.

FOUR SEASONS HUALALAI 

Inmitten alter Lavaströme liegt die grüne Gartenoase dieser Edelherberge – der schönsten auf Big Island: eigener Strand, vier Pools, zwei Restaurants, Tennis- und Golfplatz. *243 Zi. | P. O. Box 1269 | Kohala*

> MADAME PELE

Die Vulkangöttin schuf Hawaii

In der hawaiischen Mythologie ist Pele die Göttin des Feuers. Wo heute Kauai liegt, entzündete sie einst ihre heiligen Flammen. Doch die Göttin des Meeres, ihre missgünstige Schwester, löschte das Feuer mit ihren Wellen. Da zog Pele weiter nach Oahu, dann nach Molokai, Maui und schließlich nach Big Island. Hier konnte das Meer sie nicht mehr erreichen. Und so wohnt Pele, nach der Überlieferung der Hawaiianer, bis heute im Schlund des Halemaumau-Kraters am Kilauea. Die Hawaiianer versuchen, sie mit Opfergaben – mit Ti-Blättern, Leis und Gin – zu besänftigen. Und wer nicht an sie glaubt, wird bestraft. Zum Beispiel Besucher, die Lavasteine von der Insel mitnehmen. Aberglaube? Im Parkmuseum sind in einer Kiste Steine zu sehen, die Hawaiibesucher aus aller Welt nach mehreren Unglücken reumütig zurückgesandt haben.

Coast | Tel. 325-80 00 | www.foursea sons.com | €€€

HOLUALOA INN

Sehr gepflegte B&B-Pension im kleinen Künstlervorort Holualoa mit grandiosem Blick über die Küste. 20 Minuten vom Meer entfernt, schöner Pool. *6 Zi. | P.O. Box 222 | Holualoa | Tel. 324-11 21 | www.ho lualoainn.com* | €€–€€€

KONA SEASIDE

Ein solides Mittelklassehotel direkt im Ortszentrum nahe der Bucht. Restaurants und Pools. *122 Zi. | 75-5646 Palani Rd. | Tel. 329-24 55 | www. seasidehotelshawaii.com* | €

KONA VILLAGE RESORT

Kein Fernseher, kein Telefon, und man wohnt in (luxuriösen) Grashütten: Hier kommen Sie dem Traum vom Südseeurlaub am nächsten. *75 Zi. | Queen Kaahumanu Hwy. | Tel. 325-55 55 | www.konavillage.com | mit Vollpension* €€€

OUTRIGGER KEAUHOU BEACH

Angenehmes Mittelklassehotel etwas südlich des Ortes direkt an der Lavaküste. Schöner Garten und gute Schnorchelbucht nebenan. *311 Zi. | 78-6740 Alii Drive | Tel. 322-34 41 | www.outrigger.com* | €€–€€€

RAINBOW PLANTATION

Eine familiäre kleine Pension inmitten von Kaffee- und Macadamiaplantagen. Ein deutsches Ehepaar hat sich hier den Traum vom Aussteigen auf Hawaii erfüllt. *5 Zi. | P.O. Box 122 | Captain Cook | Tel. 323-23 93 | www. rainbowplantation.com* | €

FREIZEIT & SPORT

Die Kona-Region ist ein Paradies für aktive Urlauber. Die Hotels haben meist eigene Tennisplätze und Zugang zu einem Golfplatz. Angler können im Hafen von Kailua Charterboote zum Hochseefischen mieten und Marlin sowie Thunfisch fangen. Schnorcheln können Sie überall. Surfer finden in Kailua mehrere Vermieter für Boards und Segel. Und im Winter können Sie auf dem Mauna Kea sogar Ski fahren. Infos unter *www.hawaiisnowskiclub.com*

BLUE HAWAIIAN HELICOPTERS

Spektakuläre Rundflüge über die Kohala Coast und zu den Vulkanen der Ostküste. *Preise: 190–410 $ | Waikoloa Airport | Tel. 886-17 86 | www. bluehawaiian.com*

Insider Tipp

CAPTAIN DAN MCSWEENEY'S WHALE WATCHING ADVENTURES

Besuch bei den Walen, die sich vor der Küste tummeln. Beste Zeit: Dezember bis April. *Preis: 70 $ | Abfahrt von Honokohau Harbor | Tel. 322-00 28 | www.ilovewhales.com*

FAIR WIND

Kreuzfahrten entlang der Westküste oder auch Schnorcheltouren zur Kealakekua Bay. *Preise: 60–90 $ | im Hafen der Keauhou Bay | Tel. 322-27 88 | www.fair-wind.com*

STRÄNDE

Kailua-Kona hat zwar zahlreiche Hotels und Ferienapartments, aber kaum Strände. Einige schöne Sandstrände liegen in den State Parks der Kohala Coast: *Anaehoomalu Beach, Hapuna Beach* und *Samuel M. Spencer Beach.*

HAWAII (BIG ISLAND)

AUSKUNFT

HAWAII VISITORS BUREAU

250 Waikoloa Beach Dr. | Suite B-15 | Waikoloa | Tel. 886-16 55 | www.bigisland.org

Mit biblischen Motiven farbenfroh ausgemalt: die kleine St. Benedict's Church südlich von Kailua

ZIELE IN DER UMGEBUNG

MAUNA KEA OBSERVATORIES [133 D3]

Die steile Schotterstraße zum Gipfel des 4205 m hohen Mauna Kea ist für Mietwagen gesperrt – und im Winter schneebedeckt. Beste Möglichkeit, die acht internationalen Observatorien und schöne Sonnenuntergänge zu erleben, bietet *Mauna Kea Summit Adventures (P.O. Box 9027 | Tel. 322-23 66 | www.maunakea.com). 70 km nordöstlich von Kailua-Kona*

SOUTH KONA [132 B4–5]

Am kurvenreichen Hwy. 11 passieren Sie südlich von Kailua hoch über dem Meer kleine Plantagendörfer wie etwa das rustikal-romantische *Captain Cook.* 10 km weiter sollten Sie im Winzlingsort *Keokea* einen Blick in die prächtig bemalte Kirche *St. Benedict's Church* von 1875 werfen und danach am Hwy. 160 hinab zur Küste fahren. Insider Tipp Dort liegt die vorbildlich restaurierte althawaiische Tempelanlage ★ *Puuhonua o Honaunau,* Grabstätte für Häuptlinge und früher Zufluchtsort für Tabubrecher, die hier vor Verfolgung sicher waren. Der Hwy. 160 endet an der *Kealakekua Bay:* ein gutes Schnorchelrevier und auch ein historischer Punkt, denn hier wurde 1779 Captain Cook von den Hawaiianern erschlagen.

Die Weiterfahrt nach Süden auf dem Hwy. 11 lohnt sich nur zur Umrundung der Insel. Wenn Sie am Weg etwas wandern möchten, können Sie auf der *South Point Road* bis zum südlichsten Punkt der USA vordringen und zum verblüffend schönen Insider Tipp *Green Sand Beach* etwas östlich davon marschieren (2 Std.).

> LOW BUDGET

- Ananas, saftige, süße Papayas, Guaven oder Passionsfrüchte – nirgendwo sind sie günstiger zu bekommen als auf dem *Farmers Market* in Hilo. *Mi und Sa vormittags | Ecke Mamo St./Kamehameha Ave.*
- Wer billig wohnen will, ist in der ▸▸ *Öko-Lodge Hedonisia Hawaii* gut aufgehoben. Übernachtet *(15–80 $)* wird in Hütten, einem umgebauten Bus oder in Zelten – und man kann die Kosten sogar abarbeiten. *Pahoa | Tel. 269-28 25 | www.hedonisiahawaii.com*
- Selbst ein Touristenort wie Kailua-Kona hat ein klassisches hawaiisches *Plate-Lunch*-Billiglokal: Das *Kona Mix Plate* liegt nur ein paar Schritte vom Ortszentrum entfernt, und das *Kailua Pig* ist exzellent. *Kopiko Center | Palani St./Kopiko St. | Tel. 329-81 04 | €*
- In Gratis-Broschüren wie *101 Things to do on Big Island* sind oft Kupons eingeheftet: für Halbpreis-Dinner in Restaurants, Discount in Souvenirläden etc. Ein Blick lohnt sich!
- Die Qualität von Musik und Hula-Tänzern im *Uncle Billy's Restaurant* in Hilo wechselt zwar stark, aber Drinks und Essen sind gut, und die Show selbst ist kostenlos. *Im Uncle Billy's Hilo Bay Hotel | Banyan Dr. | Tel. 961-58 18 | €–€€*

WAIMEA/ KAMUELA

[132 C2] Dieses Städtchen (7000 Ew.) im kühlen Hochland an der Westflanke des Mauna Kea ist der Hauptort für die Parker Ranch, die mit über 9 km2 Landfläche und gut 50 000 Rindern größte Ranch der USA.

SEHENSWERTES

PARKER RANCH VISITOR CENTER AND MUSEUM

Paniolos heißen die Cowboys auf Hawaii – wo man eigentlich gar keine erwartet. Das kleine Museum zeigt ihre frühere Lebensweise und die Geschichte der Ranch. Filmvorführung und Touren zu den historischen Gebäuden der Ranch. *Tgl. 9–17 Uhr | Eintritt 7 $ | Parker Ranch Shoppingcenter | www.parkerranch.com*

FREIZEIT & SPORT

HAWAII FOREST & TRAIL

Halb- oder ganztägige geführte Touren in der Region um Waimea. Auch Wanderungen ins *Pololu Valley. 74-5035 B Queen Kaahumanu Hwy. | Kailua-Kona | Tel. 331-85 05 | www.hawaii-forest.com*

NAALAPA STABLES

Geführte Ausritte auf der Kahua Ranch bei Waimea und im Waipio Valley organisiert *Kamuela. Tel. 889-00 22 | www.naalapastables.com*

ZIELE IN DER UMGEBUNG

KOHALA-HALBINSEL [132 B–C1]

Auf den Hwys. 270 und 250 lässt sich eine sehr empfehlenswerte halbtägige Rundfahrt um die Halbinsel im Nordwesten Hawaiis unternehmen. Alte Plantagenstädtchen wie *Hawi* und hawaiische Tempelruinen z.B. im Insider Tipp *Lapakahi State Historical Park* oder das riesige, von Kamehameha I. vollendete *Puukohola Heiau* liegen auf dem Weg. In *Kapaau* steht das Original der berühmten Kamehameha-Statue von Honolulu. Besonders schön ist das Routenstück am Hwy. 250 entlang der *Kohala Mountains,* wo die Straße auf 1100 m über dem Meer klettert. Am Ende des Hwy. 270 führt vom *Pololu Lookout* ein kurvenreicher Wanderweg hinab ins völlig unbesiedelte *Pololu Valley* an der Steilküste der Kohala Mountains.

WAIPIO VALLEY ★ [132 C1]

In dem fruchtbaren, tiefen Tal an der Nordküste lebten nach der Überlieferung früher 40000 Hawaiianer. Es war das kulturelle und wirtschaftliche Zentrum der Insel. Später wanderte die Bevölkerung ab. Seit eine Flutwelle 1946 die Siedlungen zerstörte, ist das Tal in einen Dornröschenschlaf gesunken. Weite Tarofelder, Bananenplantagen und Gärten säumen die Holperstraße durch das 10 km lange Tal. Diese Straße, die vom *Waipio Valley Lookout* zu den gut 300 m hohen *Hiilawe Falls* führt, können Sie nur zu Fuß oder per Jeep bewältigen. *Führungen: 45 $ | Waipio Valley Shuttle | Tel. 775-71 21*

Auf Kohala finden sich noch viele prähistorische Zeichnungen der Ureinwohner Hawaiis

> GIPFELSTRASSEN UND DSCHUNGELPFADE

Die Entfernungen sind kurz, doch es gibt viel zu erleben!

Die Touren sind auf dem hinteren Umschlag und im Reiseatlas grün markiert

1 OAHU: EINMAL RUND UM DIE INSEL

Wenn Sie einen Hawaiiurlaub in Waikiki gebucht haben, ist dies eine ideale Tagestour, um auch das Hinterland, das ländliche Hawaii, kennenzulernen: eine Fahrt zu Aussichtspunkten über grüne Täler und Klippen, zu verträumten Farmorten und berühmten Surfstränden. In Waikiki kurzfristig einen Wagen zu mieten ist kein Problem. Einen Großteil der knapp 200 km langen Tour können Sie aber sogar per Stadtbus (Circle Island, Nr. 52) abfahren.

Badehandtuch und Sonnencreme eingepackt? Dann los: Vorbei am steil aufragenden Krater des **Diamond Head** *(S. 42)* führt die erste Etappe von **Waikiki** *(S. 30)* die Kalakaua Avenue nach Osten ins elegante Wohnviertel **Kahala** und über die SR 72 weiter entlang der Küste. Bald enden die Vororte von Honolulu, ein kurzer

Bild: Silberschwertgewächs auf dem Gipfel des Haleakala

AUSFLÜGE & TOUREN

Anstieg auf den nächsten Kraterhügel, dann bietet sich im **Koko Head Park** der erste Ausblick: über die türkisgrün schimmernde **Hanauma Bay** *(S. 42)*.

Ein Stück weiter ein neuer Blick über die felsige Küste: tief unten das **Halona Blowhole,** ein Meeresgeysir, der bei starkem Wellengang Wasserfontänen aufschießen lässt. Trocken und braun ist die Landschaft hier an der regenarmen Ostspitze von Oahu. Doch kaum ist das Kap von **Makapuu Point** umrundet, kommen in der Ferne schon die grünen Klippen der **Koolau Range** in Sicht, die auf breiter Front die Passatwolken einfangen.

Vorbei am Eingang zum **Sea Life Park** *(S. 43,* lohnend als Halbtagesausflug von Waikiki) geht es die langen Strände von **Waimanalo** entlang. Für die erste Badepause sollten Sie noch warten: Der Strand im *Kailua Beach Park* *(S. 47)* ist viel idyllischer.

Wenn die Berge frei sind, machen Sie von Kailua einen Abstecher auf dem Hwy. 61 zum **Nuuanu Pali Lookout** *(S. 43)*. Falls aber dunkle Wolken drohen, bleiben Sie am Fuß der Klippen und genießen die saftig grüne Tropenlandschaft in den Insider Tipp *Haiku Gardens* *(S. 47)* und im **Valley of the Temples** *(S. 47)* am Hwy. 83.

Um die große **Kaneohe Bay** verläuft die Route nun nordwärts, immer parallel zu den dramatisch aufragenden, grünen Steilwänden der **Koolau Range.** Die dichte Besiedlung lässt nach, kleine Papaya- und Bananenplantagen säumen den Highway. An Obstständen gibt es Kokosnüsse und andere tropische Früchte zu kaufen – die Strandparks am Weg wie etwa der **Kualoa Regional Park** eignen sich gut für ein Picknick. Der gut 600 000 m^2 große Strandpark am Fuß tiefgrüner steiler Klippen ist besonders am Wochenende bei den Hawaiianern sehr beliebt. In der Bucht vor dem weiten, flachen Sandstrand liegt die kleine Insel **Mokolii,** besser bekannt als **Chinaman's Hat,** die mit ihrer charakteristischen Form ein bekanntes Fotomotiv ist. Ebenfalls schön zum Lunch mit Meeresblick: das **Crouching Lion Restaurant** bei **Kaawa** *(51-666 Hwy. 83 | Tel. 237-85 11 | €–€€)*.

Zu einem Kulturerlebnis lädt im Mormonenstädtchen **Laie** *(S. 48)* das **Polynesian Cultural Center** – zwei Stunden brauchen Sie dafür mindestens. Wollen Sie eher Sonne und Sand genießen, fahren Sie gleich weiter: Vorüber an Reisfeldern und Krabbenteichen um die Nordspitze der Insel zu den legendären Surferstränden **Sunset Beach** und **Waimea Bay.**

Im Örtchen **Waimea** führt linker Hand die Pupukea Road den Hang hinauf zum **Puu o Mahuka Heiau,** den Resten eines alten hawaiischen Tempels. Dunkle Lavasteine säumen ein großes Geviert. Hier standen früher Grashütten und Götterstatuen. Noch heute sieht man da und dort Früchte und in Ti-Blätter gewickelte Steine

Unter dem Pearl-Harbor-Denkmal liegen 1177 Soldaten auf Grund

liegen – Opfergaben der Hawaiianer. Nach einer Strandpause kommt der Eisladen in **Haleiwa** *(S. 45)* gerade recht: *Matsumoto's Shave Ice* ist auf ganz Oahu berühmt. Wenn sich der Tag schon neigt, können Sie nun auf dem Hwy. 99 gen Süden steuern. Bleibt noch Zeit, lohnt sich ein Abstecher ins nostalgische alte Zuckerrohrstädtchen **Waialua** und weiter nach Westen, wo völlig einsame Strände warten.

Die rote Erde im Landesinnern von Oahu eignet sich bestens für Ananas- und Zuckerrohranbau, was die großen Felder beiderseits des Hwy. 99 deutlich belegen. Bei einem letzten Stopp in **Wahiawa** *(S. 47)* können Sie im **Dole Pineapple Center** die verschiedenen Ananasarten kennenlernen. Von Wahiawa geht es in schneller Autobahnfahrt über die H2/H1, vorüber an **Pearl Harbor** *(S. 48)*, zurück ins turbulente **Waikiki.**

2 MAUI: URLANDSCHAFT UND UNTERWASSERWELT

Eine Route für Frühaufsteher – die ein ganz besonderes Erlebnis erwartet: der Sonnenaufgang auf 3000 m Höhe am Kraterrand des Haleakala. Ein überirdisches Erlebnis hoch über den Wolken. Anschließend folgt eine kleine Wanderung, dann ein Abstecher zu den Surferstränden an der Nordküste von Maui. Und am Nachmittag ein Besuch im Ozeanarium. Langschläfer können den Ablauf der Tagestour einfach umkehren und den Gipfel erst am Spätnachmittag erklimmen. Fahrtstrecke: ca. 180 km.

Fragen Sie am Vorabend im Hotel nach, wann genau Sonnenaufgang ist und was der Wetterbericht vorhersagt, auch wenn der meist nicht richtig liegt. Von den Hotels in Lahaina und Kihei sind es zu nachtschlafender Zeit nämlich ein bis zwei Stunden Fahrt hinauf zum **Haleakala National Park** *(S. 70)* über die SR 37/377 und 378. Es wird eine kurvige Fahrt in stockfinsterer Dunkelheit, und oben ist es frühmorgens schauderhaft kalt. Doch das frühe Aufstehen wird belohnt! Planen Sie die Ankunft auf dem Gipfel etwa eine halbe Stunde vor Sonnenaufgang. Noch heißt es abwarten, doch dann färbt sich der nachtschwarze Himmel blauviolett, blinzeln die ersten Strahlen über den fernen Kraterrand. Ein Lichtstrom ergießt sich in das weite Kraterbecken und bestrahlt ein urzeitlich erscheinendes Panorama.

Es wärmt sich schnell auf, wenn die Sonne die dunklen Lavafelsen bescheint, sodass Sie wunderbar im Haleakala National Park wandern können. Empfehlenswert sind je nach Kondition (unterschätzen Sie die Höhe nicht!) der **Sliding Sands Trail** hinab in den Krater oder – etwas leichter – der **Halemauu Trail** entlang des Nordrands.

Am späteren Vormittag geht es dann die vielen Kurven mit Panoramaaussichten über die Insel wieder talwärts. Blumenfreunde können am Weg in einer der vielen Gärtnereien haltmachen, die hier aus Südafrika eingeführte Proteas züchten.

Zum Lunch bleiben Sie am besten noch im kühlen Hochland, etwa in **Makawao,** einem kleinen Ranchort mit klapprigen Wildwestfassaden und netten Deli-Cafés wie dem **Casanova** *(S. 71)*. Von hier führt die Baldwin Avenue hinab zur Nordküste von

Insider Tipp

Maui. Auf halber Strecke wartet noch ein Kunststopp: *Hui Noeau (2841 Baldwin Ave.)*. Das Kulturzentrum in einer herrlichen Villa von 1917 zeigt Ausstellungen hawaiischer Kunst.

Zurück am Meer kommen Sie zuerst nach **Paia** *(S. 77)*, einem beliebten Szeneort der Windsurfer. Fahren Sie unbedingt ein Stück ostwärts zum **Hookipa Beach Park,** denn dort können Sie die Wellenreiter bei ihren tollkühnen Kapriolen am besten beobachten.

Durch die großen Zuckerrohrfelder im zentralen Teil Mauis geht es dann über den Hwy. 380 wieder zur Südküste. Mit Blick über den **Maalaea Harbor** liegt hier eine Attraktion für alle, die nicht selbst tauchen wollen: das **Maui Ocean Center** *(S. 78)*, in dem die Unterwasserwelt Hawaiis zu bewundern ist. Eine eigene Ausstellung erläutert die Wanderungen der Buckelwale zwischen Alaska und Hawaii. Echte Wale können Sie mit etwas Glück gleich anschließend auf der Rückfahrt nach **Lahaina** *(S. 80)* beobachten – sie halten sich im Winter vorwiegend in den flachen Gewässern vor der Südwestküste Mauis auf.

3 BIG ISLAND: TEMPEL UND KÖNIGSTÄLER

Diese ca. 250 km lange Tagestour eignet sich gut als Verbindungsstück zwischen den Sonnenstränden der Westküste von Big Island und den Vulkanen im Osten. Der Umweg über die touristisch noch völlig unerschlossene Kohala-Halbinsel gibt Einblicke in das alte Hawaii, führt zu Tempelruinen und durch sattgrüne Bergregionen mit dramatisch wechselndem Wetter und prächtigen Regenbögen.

Von **Kailua-Kona** *(S. 92)* geht es zunächst in rascher Fahrt auf dem Hwy. 19 nordwärts durch steinige Lavafelder. Hier, im Regenschatten des **Mauna Kea,** herrscht ewiger Sonnenschein – deshalb stehen entlang der **Kohala Coast** auch die großen Luxusresorts, umgrünt von (künstlich bewässerten) Golfplätzen und Palmenhainen. Schön für einen Badestopp: der sanft geschwungene Traumstrand **Hapuna Beach** am äußersten Nordende der **Kohala Coast.**

Nur einige Minuten Fahrt nördlich davon liegt in einem denkmalgeschützten Park bei **Kawaihae** das **Puukohola Heiau,** das König Kamehameha I. vor rund 200 Jahren erbauen ließ. Er weihte diesen Tempel dem Kriegsgott Ku – mit einem Menschenopfer, wie es die Tradition verlangte. Weniger blutig ging es früher vermutlich im *Lapakahi State Historical Park* weiter nördlich am Hwy. 270 zu, der die Reste eines typisch hawaiischen Fischerdorfs bewahrt. Ein Lehrpfad führt vom kleinen **Visitor Center** hinab zu den alten Hausplattformen an der Küste und erläutert die Lebensweise der Insulaner. Ruhig ist es hier, und im Rauschen der Brandung meint man manchmal die Stimmen der Menschen von damals zu vernehmen.

Insider Tipp

Noch mystischer wird es an der Nordspitze der **Kohala-Halbinsel** *(S. 96)*. Eine Seitenstraße führt kurz vor **Hawi** vom Hwy. 270 zum **Upolu Airport,** hinter dem direkt an der einsamen Küste das vermutlich um 500 n. Chr. erbaute **Mookini Heiau** steht. Nach der Überlieferung wurde hier König Kamehameha I. geboren – Grund für viele Hawaiianer, bis heute in der

Tempelruine Opfergaben zu hinterlassen. Eine Statue des legendären Königs steht im alten Plantagenort **Kapaau** oben am Hang über dem Meer. Ein ruhiges Städtchen mit einigen Galerien und kleinen Coffeeshops. Zum Blick über die Küste lohnt sich noch die Fahrt zum Ende der Straße am **Pololu Lookout**. Danach geht es

Wenig später ist am Hwy. 19, der ostwärts zur Küste führt, der Wolkenspuk meist schnell wieder vorüber. Zum Glück, denn bei klarem Wetter ist der Blick über das **Waipio Valley** *(S. 97)*, einst Residenz der hawaiischen Könige, besonders schön.

Immer grüner wird es nun auf der Weiterfahrt nach Osten, immer dich-

Auf Frische legen die Hawaiianerinnen auf dem Wochenmarkt in Hilo großen Wert

über den Hwy. 250 am Grat der **Kohala Mountains** entlang durch grünes Ranchland zurück nach Süden.

Bei **Waimea/Kamuela** *(S. 96)* verläuft die Wetterscheide zwischen der feuchten Ostküste und der trockenen Westküste Big Islands. Fast täglich spannen sich hier leuchtende Regenbögen über die Wiesen der **Parker Ranch** *(S. 96)*, und dichte Wolken ballen sich an den Bergen.

ter der Dschungel am Highway. Die Küste ist nur schwer erreichbar, die Klippen sind zu steil. Nur bei **Laupahoehoe**, einer kleinen vulkanischen Halbinsel, führt eine Seitenstraße hinab zu den donnernden Wellen. Ein Stück weiter lohnt ein Abstecher ins Landesinnere zu einem Spaziergang zu den **Akaka Falls** *(S. 91)*. Nach einer weiteren halben Stunde Fahrt ist das Tagesziel **Hilo** *(S. 89)* erreicht.

EIN TAG AUF OAHU

Action pur und einmalige Erlebnisse.
Gehen Sie auf Tour mit unserem Szene-Scout

GOOD MORNING, SUNSHINE!

7:00

Noch müde? Dagegen hilft ein herzhaftes Frühstück im *Café Haleiwa*. In dem Surfer-Hangout lässt man sich ein *Breakfast in a Barrel* – ein Burrito mit Ei und Kartoffel – schmecken. **WO?** *66-460 Kamehameha Hwy. | Haleiwa | Tel. 808/637-55 16 | http://cafehaleiwahawaii*

8:00

SURF-SPASS

Jetzt aber ab aufs Brett und die Wellen bezwingen! Keine Angst, der Surflehrer zeigt, wie's geht. **WO?** *Surf Hawaii Surf School | 66-250 Kamehameha Hwy. | Suite D204 | Haleiwa | Tel. 295-12 41 | Kosten: 130 $ | www.surfhawaii4u.com*

WIE EIN VOGEL

11:00

Der Traum vom Fliegen wird nun wahr! Tief durchatmen, dann geht's hoch hinaus: Beim Ultraleichtfliegen genießt man die schönsten Blicke über die Insel aus der Vogelperspektive. Herrlich! **WO?** *Paradise Air | Dillingham Airfield | Haleiwa | Tel. 497-60 33 | Kosten: 30 Minuten 135 $ | www.paradiseairhawaii.com*

11:45

QUICK LUNCH

Wem der Magen knurrt, der macht bei *Ono Hawaiian Foods* halt und nimmt authentische hawaiische Küche mit. *Lomi-Lomi-Lachs* als Hauptspeise und *Haupia*, den köstlichen Kokosnuss-Pudding, zum Nachtisch bestellen. **WO?** *Ono Hawaiian Foods | 726 Kapahulu Ave. | Honolulu | Tel. 737-22 75*

SCHNORCHEL-ABENTEUER

12:30

Von Waikiki aus geht's in die Hanauma Bay. Dort heißt es Taucherbrille aufsetzen und los – es gibt viel zu sehen: tropische Fische, Schildkröten und den Hawaii State Fish, den Humuhumunukunukuapuaa. Unterwasser-Kamera nicht vergessen! **WO?** *Mo, Mi, Do und Fr | Kosten: 59 $ | Transfer ab Waikiki | Reservierung unter Tel. 766-62 84 | www.hawaiiactive.com*

24 h

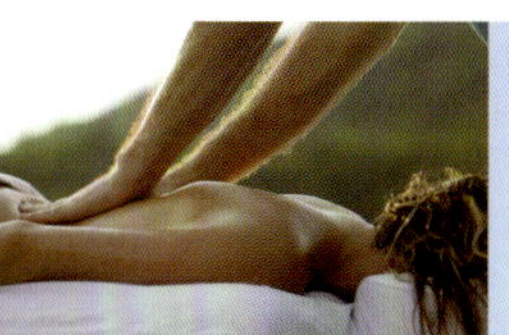

FLUCHT INS PARADIES

16:30

Inmitten des tropischen Gartens wird jetzt Energie getankt: Bei rhythmischen Knet- und Schaukelbewegungen vereinen sich während der *Lomi-Lomi*-Massage Körper, Seele und Geist. **WO?** *Abhasa Waikiki Spa | 2259 Kalakaua Ave. | Honolulu | Tel. 922-82 00 | Kosten: 50 Minuten 120 $ | www.royal-hawaiian.com*

18:00

DELICIOUS ALOHA DINNER

Hunger? Bei Alan Wong's kommt innovative Regionalküche auf den Teller. Gerichte wie *Ginger Crusted Onaga – Red Snapper* mit Ingwerkruste – hören sich nicht nur toll an, sondern schmecken auch so! **WO?** *1857 S King St. | Honolulu | Tel. 949-25 26 | www.alanwongs.com*

GEISTERSTUNDE

19:30

Übernatürliche Phänomene, Anomalien und unerklärliche Ereignisse gefällig? Kein Problem, denn auf Hawaii wimmelt es nur so von uralten Gräbern, entweihten heiligen Orten und Opferstätten für die hawaiischen Götter. Die *Orbs of Oahu Ghost Tour* führt zu den gruseligsten Spots der Insel: Es geht direkt an die Orte des Geschehens samt Augenzeugenberichten – Gänsehaut garantiert! **WO?** *Oahu Ghost Tours | Mo, Mi und Fr | Reservierung unter Tel. 524-49 44* | Kosten: *39 $ | www.oahughosttours.com*

23:00

PARTY WAIKIKI

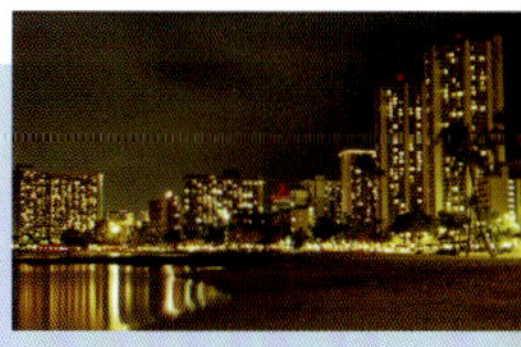

Die Nacht ist noch jung, und das ist gut so, denn Club-Hopping in Waikiki ist angesagt. An der Kalakaua und Kuhio Avenue reihen sich Bars und Clubs aneinander. Los geht's in der *Lotus Soundbar*, bekannt für ihr cooles Ambiente und ihre heißen Sounds, dann weiter ins *Fashion 45*. Den Absacker genehmigt man sich in der *Cobalt Lounge* hoch oben im 30. Stock – super Aussicht über Waikiki und die Berge inklusive! **WO?** *Lotus Soundbar: 2301 Kuhio Ave. | www.lotusoundbar.com; Fashion 45: 2255 Kuhio Ave.; Cobalt Lounge: im Hanohano Room | 2255 Kalakaua Ave. | www.sheraton-waikiki.com*

> SURFEN, GOLFEN, ZIPLINING

Welche Sportart auch immer: Eine herrliche Kulisse mit Vulkanen, Dschungel und Stränden ist garantiert

> Sport, vor allem Wassersport, ist auf Hawaii seit den polynesischen Zeiten ganz natürlicher Teil des Lebens. Morgens schnell mal schwimmen gehen, abends eine Stunde auf dem Surfbrett in den Wellen verbringen, das gehört für die Einheimischen einfach dazu. Besucher sollte das anspornen: Das ewig sonnige, warme Klima, die vielfältige Natur, das Meer – bessere Bedingungen gibt es nicht. Die Infrastruktur für Aktivurlauber ist ausgezeichnet: Viele *rental shops* vermieten Kajaks, Schnorchelgerät und Surfbretter und liefern dazu gute Tipps für die jeweilige Region. Organisierte Touren sind meist problemlos vor Ort zu buchen.

BIKING

Vor allem die größeren Inseln Maui und Big Island eignen sich gut für Biketouren. Auf den wenig befahrenen Landstraßen im Hinterland kann man so genüsslich die Natur und die kleinen Farmdörfer der Inseln erle-

Bild: Ausritt auf Oahn

SPORT & AKTIVITÄTEN

ben. *Bike Hawaii* vermittelt organisierte Radtouren auf Oahu *(Tel. 877/682-74 33 | www.bikehawaii.com)*. *Orchid Isle Bicycling* bietet ein- und mehrtägige Touren auf Big Island an *(Tel. 327-00 87 | www.orchidislebicycling.com)*.

GOLFEN

Mit mehr als 50 Plätzen vor traumhafter Kulisse kann Hawaii auch höchste Ansprüche erfüllen. Zu teilweise heftigen Preisen: 150–250 $ pro Runde für die spektakulären *Championship Courses* und 40–60 $ für die einfachen öffentlichen Plätze. Detailinfos bieten die Websites *www.gvhawaii.com* und *www.teetimeshawaii.com*. Insider Tipp

Einige Tipps für die schönsten *golf courses:* Auf Maui warten die drei Plätze des *Kapalua Resort* sowie die Plätze von *Wailea* und *Makena* an der Südküste. Lanai ist mit zwei hervorragenden Plätzen die Luxusgolferinsel schlechthin. Auf Big Island liegen die besten Parcours an der Westküste: etwa die beiden traumhaften Anlagen von *Mauna Lani* und die Plätze von *Waikoloa,* wo man durch bizarr erstarrte Lavaflüsse spielen muss. Auf Kauai schließlich

Surfbretter zu mieten gibt's überall

warten in *Princeville* ✲ Plätze mit grandiosem Blick über die Klippen der Nordküste, dazu *Kauai Lagoons* an der Ostküste sowie der sehr preiswerte, aber von fabelhaftem Panorama umgebene ✲ *Kukuiolono Golf Course.* Insider Tipp

HIKING

Die berühmteste Wanderroute der Inseln ist der *Kalalau Trail* entlang der dramatischen *Na Pali Coast* auf Kauai. Der Beginn der Route eignet sich als Tagestour. *Kauai Nature Tours* bietet halb- und ganztägige Wanderungen mit kundigen Führern in versteckte Ecken von Kauai an *(Koloa | Tel. 742-83 05 | www.kauainaturetours.com).* Ebenfalls sehr schöne Trails führen in die wilde Natur der Nationalparks: auf Maui in den Krater des *Haleakala* und auf Big Island zu den bizarren Lavaströmen im *Volcanoes National Park.*

REITEN

Sowohl im kühleren Hochland von Maui und Big Island wie auch entlang der Strände von Maui und Kauai werden Ausritte angeboten. Auskunft erhalten Sie über die nächstgelegenen *riding stables* und *trailriding outfitters* bei der Hotelconcierge.

SURFEN

Für den Sport, der auf Hawaii erfunden wurde, herrschen hier natürlich Idealbedingungen. Selbst Anfänger stehen mit etwas Geschick schon nach einer Stunde auf ihrer ersten Welle. Bestes Trainingsrevier: *Waikiki Beach.* Hier sind die Wellen flach und rollen lang aus. Boardvermietung und Unterricht gibt's am *Kuhio Beach* gegenüber dem Hyatt Hotel. Die *Hawaiian Fire Surf School*, die Surfschule der Feuerwehr in Honolulu, bietet guten und sicheren Unterricht *(3318 Campbell Ave. | Honolulu | Tel. 888/955-78 73 | www.hawaiianfire.com).* Fortgeschrittene finden überall auf den Inseln gute *surf-breaks*, Tipps geben die Surfshops. Nur die *North Shore* von Oahu sollte den Profis vorbehalten bleiben –

bei Wellen von 10 m Höhe und mehr herrscht Lebensgefahr.

Windsurfer werden sich auf Maui am wohlsten fühlen. Hier liegen einige der berühmtesten Surfstrände der Welt: *Hookipa* etwa oder *Spreckelsville Beach. Second Wind,* ein Windsurfshop, vermietet Equipment, verkauft auch gebrauchtes Gerät und vermittelt Vans und Zimmer *(111 Hana Hwy. | Kahului | HI 96732 | Tel. 877-74 67 | www.secondwindmaui.com).* Infos zum neuesten Trend, dem Kitesurfing, bietet die Website *www.kitesurfing.com*.

TAUCHEN

Eine herrlich bunte tropische Fischwelt, die Sie beim Schnorcheln oft schon direkt vom Strand aus erleben können, bieten die jungen vulkanischen Hawaii-Inseln. Die besten Tauchreviere: die Riffe an der Westküste von Big Island wie etwa in der *Kealakekua Bay,* die Nordküste Kauais sowie im Süden von Maui *La Peruse Bay* und *Molokini Crater*. Tauchboote und gute Tauchschulen findet man auf jeder Insel; Ein-Tank-Tauchgänge kosten etwa 75–100 $, zwei Tanks etwa 125 $.

Insider Tipp

Jack's Diving Locker an der Westküste von Big Island bietet Nachttauchgänge zu Mantarochen *(75-5813 Alii Dr. | Kailua-Kona | Tel. 800/345-48 07 | www.jacksdivinglocker.com).* Auf der Insel Kauai nimmt *Fathom 5/Ocean Quest* maximal sechs Taucher pro Boot mit *(3450 Poipu Road | Koloa | Tel. 800/972-30 78 | www.fathomfive.com).* Und auch mit *Ed Robinson's Diving Adventures* auf Maui können Sie Nachttauchgänge unternehmen *(P. O. Box 616 | Kihei | Tel. 879-35 84 | www.maui-scuba.com).*

WASSERSPORT

Vor allem die geschützten Gewässer vor der Südküste von Maui eignen sich bestens für die typischen Urlaubsaktivitäten am Meer: Parasailing, Segeln und sogar Wasserskifahren werden angeboten. Mit *Flumin da Ditch* durchqueren Sie bei 3-stündigen Kajakfahrten Tunnels und Regenwälder auf einem der alten Bewässerungskanäle von Big Island *(55-519 Hawi Rd. | Hilo | Tel. 889-69 22 | www.flumindaditch.com).* Spritzige Touren mit Zodiacschlauchbooten zu Lavahöhlen an der Westküste von Big Island – Schnorchelpause inklusive – organisiert *Sea Quest Rafting (P. O. Box 390292 | Kailua-Kona | Tel. 329-72 38 | www.seaquesthawaii.com).* Und mit *Wild Side Tours* können Sie Segeltörns und Kajaktouren an der Westküste von Oahu unternehmen. Auch Delphin- und Walbeobachtung mit Meeresbiologen. Mitbesitzer Armin spricht sehr gut deutsch *(Waianae Boat Harbor | Slip A-11 | Waianae | Oahu | Tel. 306-72 73 | www.sailhawaii.com).*

Insider Tipp

ZIPLINING

Die neueste Trendsportart: Zu Fuß geht es den Berg hinauf, dann seilt man sich an und saust an langen, vorab gespannten Seilen durch den Wald und über Schluchten wieder talwärts. Adrenalin fließt reichlich. Ziplining können Sie buchen bei: *Skyline Adventures (Preis: 80 $ | Pukalani | Maui | Tel. 878-84 00 | www.skylinehawaii.com).*

„KEIKI" WILLKOMMEN

Hawaiianer lieben Kinder, und die „Keiki" sind immer dabei

> **Wenn da nicht die gewaltige Entfernung wäre, so wäre Hawaii das ideale Ferienziel mit Kindern. Doch 12 Stunden Zeitunterschied zu Europa sind happig, so sollten Sie dann wenigstens 3-4 Wochen bleiben. Den Jetlag verkraften Kids allerdings oft schneller als Erwachsene.** Einmal angekommen, ist alles unkompliziert und amerikanisch kinderfreundlich: Die Restaurants haben spezielle Kinderteller *(children's menu)* und natürlich Kindersitze, im Hotel lässt sich – meist ohne Aufpreis – das Sofa zum Kinderbett aufklappen. Die größeren Resorts bieten allesamt Babysitter an, oft sogar ganztägige betreute *children's camps*, denn auch die Amerikaner reisen gern mit der ganzen Familie nach Hawaii.

Die Strände sind natürlich der Hit, aber auch die Dschungelflora fasziniert die Kleinen. Und bei den *Keiki*-Hula-Shows machen sie mit Begeisterung mit. Die Hawaiianer, die mit polynesischer Hingabe alle Kinder lieben, werden nicht müde, ihnen Hula-Bewegungen zu zeigen oder wie man einen Lei knüpft.

OAHU

DOLE PINEAPPLE CENTER [126 C3]

Mit 5 km Wegen wurde 2001 dieses größte Labyrinth der Welt ins Guinness-Buch der Rekorde eingetragen. Zum Üben vorab gibt es ein Labyrinth im Internet unter *www.dole-plantation.com*. *Tgl. 9–17 Uhr | Eintritt 6 $, Kinder 4 $ | Kreuzung Hwy. 80/99 | Wahiawa*

HANAUMA BAY MARINE EDUCATION CENTER [127 E5] Insider Tip

Das moderne Center an der schönsten Schnorchelbucht Hawaiis ist vor allem auf Kinder ausgerichtet und erläutert die Ökologie eines Korallenriffes – anschließend wird geschnorchelt *(Mi–Mo 6–18 Uhr | Eintritt 5 $, Kinder unter 13 Jahren frei | Hwy. 72 | Honolulu | www.hanaumabay-hawaii.com)*. Halbtägige geführte Touren mit Einführungskursen im Schnorcheln oder Tauchen (Kinder ab 12 Jahren) werden von *Hanauma Bay Dive Tours* angeboten *(60–110 $ | Tel. 808/256-89 56 | www.hanaumabay-hawaii.com)*.

> MIT KINDERN REISEN

HAWAIIAN WATERS ADVENTURE PARK [126 B5]

Ein 100 000 m² großer Vergnügungspark mit rasanten Wasserrutschen, 300 m langem Drift-Kanal, Wellenpool und viel Action für die Kids. *Im Sommer tgl., sonst Sa/So 10.30–16 Uhr | Eintritt 36 $, Kinder 26 $ | 400 Farrington Hwy. | Kapolei, nahe Makakilo City im Westen von Oahu | www.hawaiianwaters.com*

HONOLULU ZOO [127 D5]

1400 Tiere in naturnahen Gehegen, Streichelzoo für Kinder und abenteuerliche *Twilight Tours* (Insider Tipp) für Kids ab 5 Jahren jeden Samstagabend. *Tgl. 9–16.30 Uhr | Eintritt 8 $, Kinder 1 $ | Kapiolani Park | Honolulu | gute Website mit Tierspielen und Videos: www.honoluluzoo.org*

KAUAI

KAMALANI PLAYGROUND [125 F3]

Großer Abenteuerspielplatz mit phantasievoller Holzbrücke, bunter Kachelkunst und einem Meerespool. *Lydgate Park | Kapaa | www.kamalani.org*

NA AINA KAI BOTANICAL GARDENS [125 E2]

Privater botanischer Garten mit Skulpturen. Für die Kinder gibt's eine Eisenbahn, ein Labyrinth sowie Dschungeltunnel und -rutschen. *Mo–Fr ab 8 Uhr | Eintritt 25 $ | Anmeldung für Familien mit Kids unter 13 Jahren: Tel. 828-05 25 | 4101 Wailapa Rd. | Kilauea | www.naainakai.org*

MAUI

MAUI OCEAN CENTER [130 B3]

Großes Aquarium mit Seesternen, Korallenriffen, Schildkröten, Rochen und Haien. Sehr lehrreich aufgebaut, für Kinder ist viel zum Anfassen und Ausprobieren. *Tgl. 9–17 Uhr | Eintritt 23 $, Kinder 12 $ | Hwy. 30 | Maalaea Harbor | www.mauioceancenter.com*

BIG ISLAND

KAHALUU BEACH PARK [132 B4] (Insider Tipp)

Die Keauhou Bay ist ideal zum Schnorcheln für Kids: seicht, mit vielen bunten Fischen und Schildkröten. *Eintritt frei | am Südende des Alii Dr. | Kailua-Kona*

> VON ANREISE BIS ZOLL

Urlaub von Anfang bis Ende: die wichtigsten Adressen und Informationen für Ihre Hawaii-Reise

ANREISE

FLUGZEUG

Wegen der großen Entfernung und langen Flugzeit (Minimum 18 Stunden) gibt es nach Hawaii keine Nonstopflüge. Fast alle amerikanischen Airlines bieten aber günstige Durchgangstarife nach Hawaii an: ab 900 Euro in der Nebensaison. United Airlines fliegt zum Beispiel täglich von Deutschland über San Francisco und Los Angeles nach Hawaii. Wegen des großen Zeitunterschieds ist vor allem beim Rückflug ein Kurzaufenthalt an der Westküste Amerikas zu empfehlen. Man verkraftet den Jetlag dann besser und kann auch noch einen Shopping- und Besichtigungsbummel in San Francisco oder Los Angeles einlegen. Die kürzeste Verbindung bietet Air Canada von Frankfurt über Vancouver nach Honolulu.

Außer einigen wenigen Flügen, die nach Maui, Kauai oder Big Island gehen, landen alle Flüge vom amerikanischen Festland am *Honolulu International Airport (HNL)*. Der moderne Terminal, dem auch der *Interisland Terminal* für Flüge zwischen den Inseln angeschlossen ist, liegt etwa 10 km westlich der Innenstadt – und 15 km westlich von Waikiki – an der Keehi-Lagune. Wenn in Ihrer Buchung kein Transferservice inbegriffen ist, können Sie per Taxi (ca. 30–35 $) oder mit den Kleinbussen des *Airport-Waikiki-Express* (8–10 $) zu den Hotels in Waikiki fahren.

SCHIFF

Zwischen Molokai, Maui und Lanai verkehren kleine Fähren. Eine Autofähre zwischen den großen Inseln ist in Planung. Die andere Möglichkeit, per Schiff auf die Inseln zu gelangen, ist eine Kreuzfahrt, etwa mit *Norwegian Cruise Line* oder *Holland America*. Auskunft im Reisebüro.

AUSKUNFT

HAWAII FREMDENVERKEHRSAMT

c/o Mangum Management | Sonnenstr. 9 | 80331 München | Tel. 089-236 62 10 | Fax 23 66 21 99 | www.hawaii-tourism.de | www.gohawaii.com. Versand von Landkarten und Broschüren über die Inseln.

HAWAII VISITORS BUREAU [U F5]

2270 Kalakaua Ave. | Room 801 | Waikiki | Tel. 924-02 66

Vom Fremdenverkehrsamt werden Filialen in den Hauptorten der einzelnen Inseln unterhalten. Auf allen Flughäfen finden Sie Stände mit den für jede größere Insel wöchentlich neu herausgegebenen Infoheften *Spotlight* und *This Week* (mit Landkarten).

AUTOFAHREN

Das Straßennetz auf den einzelnen Inseln ist gut ausgebaut. Um ein Auto zu mieten, benötigen Sie Ihren nationalen Führerschein. Anschnallen ist Pflicht. Höchstgeschwindigkeit ist auf den Landstraßen meist 45 Mei-

PRAKTISCHE HINWEISE

len/h (72 km/h), maximal 55 Meilen/h (88 km/h), in Orten 35 Meilen/h (56 km/h).

Die Verkehrsregeln gleichen denen in Europa. Es gibt jedoch einige Besonderheiten: An Ampeln darf man, sofern die Querstraße frei ist, auch bei Rot nach rechts abbiegen, Schulbusse mit blinkender Warnanlage dürfen nicht passiert werden – auch nicht aus der Gegenrichtung.

Der amerikanische Automobilclub *AAA* hilft den Mitgliedern ausländischer Clubs (Mitgliedsausweis mitnehmen!). *Tel. 808/593-22 21*

BANKEN, GELD & KREDITKARTEN

Banken sind meist Mo–Fr von 10 bis 15 Uhr geöffnet. Sie lösen Reiseschecks (ausgestellt auf US-$) ein, doch nur die größeren Banken wechseln auch ausländische Währungen. Fazit: Reisen Sie möglichst nur mit US-$. Die Reisekasse sollten Sie auf mehrere Zahlungsmittel verteilen: etwas Bargeld in US-$ für die Ankunft, eine Kreditkarte (Visa, Mastercard, American Express) und Ihre EC-Karte, mit der Sie an den meisten Bankautomaten Bargeld ziehen können (Limit vorab bei ihrer heimischen Bank erfragen). Mit der EC-Karte sind die Gebühren deutlich günstiger als bei Barabhebungen mit der Kreditkarte. Zur Sicherheit können Sie auch einige Reiseschecks in US-$ mitnehmen, sie werden überall akzeptiert und man bekommt als Wechselgeld Bares zurück.

Währung ist der amerikanische Dollar (= 100 Cents). Es gibt Banknoten *(bills)* zu 1, 2, 5, 10, 20, 50 und 100 Dollar sowie Münzen *(coins)* zu 1 c *(penny)*, 5 c *(nickel)*, 10 c *(dime)*, 25 c *(quarter)* und auch 50 c *(half dollar)*.

WÄHRUNGSRECHNER

€	US$	US$	€
1	1,50	1	0,65
3	4,50	3	2,00
5	7,50	5	3,25
7	10,50	7	4,60
9	13,50	9	6,00
15	22,00	15	10,00
25	37,00	25	17,00
75	110,00	75	50,00
100	150,00	100	65,00

DIPLOMATISCHE VERTRETUNGEN

DEUTSCHES GENERALKONSULAT [0]
1960 Jackson St. | San Francisco | Tel. 415/775 10 61 | Fax 775 01 87 | www.san-francisco.diplo.de

ÖSTERREICHISCHES KONSULAT [U E5]
1314 S King St. | Suite 1260 | Honolulu | Tel. 923-85 85 | Fax 3597-12 33

SCHWEIZERISCHES KONSULAT [U F6]
4231 Papu Circle | Honolulu | Tel. 737-52 97 | Fax 734-39 96

EINREISE

Für Deutsche, Österreicher und Schweizer genügt für einen Aufenthalt bis zu 90 Tagen ein maschinenlesbarer Reisepass. Seit Ende 2007 sind für neu ausgestellte Pässe biometrische Daten vorgeschrieben, sonst ist wie auch für Aufenthalte über 90 Tage ein Visum nötig *(Auskünfte: www.dhs.gov)*. Für Kinder sollte man ebenfalls einen regulären Pass beantragen, denn auch bei Kinderausweisen, die nach Okt. 2006 ausgestellt wurden, ist ein Visum nötig. Bei der Einreise werden manchmal die Vorlage eines Rückflugtickets und der Nachweis ausreichender Reisefinanzen verlangt. Außerdem werden bei Ihrer Einreise alle Zoll- und Passformalitäten bereits am ersten Flughafen in den USA erledigt. Der Weiterflug nach Hawaii ist danach ein Inlandsflug.

GESUNDHEIT

Die ärztliche Versorgung auf Hawaii ist sehr gut – aber teuer. Daher sollten Sie unbedingt eine Auslandskrankenversicherung abschließen. Medikamente erhalten Sie in der *pharmacy* und im *drugstore*.

INLANDSFLÜGE

Wichtigstes Transportmittel zwischen den Inseln ist das Flugzeug. *Aloha Airlines, GO! Airline, Island Air* und *Hawaiian Airlines* bieten vom Drehkreuz Honolulu aus tagsüber fast stündlich Flüge zu allen Inseln an. Der Preis schwankt je nach Tageszeit, Vorausbuchung und Wochentag zwischen 20 $ und 150 $ pro Strecke. Aloha Airlines bietet außerdem interessante Exkursionstarife mit Mietwagen und Hotelübernachtungen. In den Reisebüros von Honolulu können Sie oft auch günstige Ausflugspakete auf die anderen Inseln buchen – sogar noch kurzfristig.

INTERNET & WLAN

Hawaii ist sehr gut vernetzt. Alle größeren Hotels bieten WLAN-Netze und Internetzugang, teils sogar über den Fernseher im Zimmer. Kostenpunkt: ab 15 $/Tag. Günstiger sind mit 1–2 $/10 Min. die zahlreichen Coffeeshops mit Webzugang, die Sie überall auf Hawaii finden.

INTERNETSEITEN ÜBER HAWAII

www.aloha-hawaii.com
www.bestofhawaii.com
www.thisweek.com
http://alternative-hawaii.com
http://hvo.wr.usgs.gov/

JUGENDHERBERGEN

Zwei Häuser in Honolulu und eines auf Big Island – mehr kann die amerikanische Vereinigung *Hostelling International* auf Hawaii nicht bieten *(Info: www.hiusa.org)*. Es gibt aber auf allen Inseln weitere einfache Backpacker-Hostels *(Info: www.hostels.com)*.

KLIMA

Hawaii, das in der Passatwindzone liegt, kennt keine Jahreszeiten – zwar fallen von November bis März die meisten Niederschläge, doch die Temperaturen bleiben ganzjährig zwischen 23 und 28 Grad Celsius (73,4 und 82,5 Grad Fahrenheit). Wichtiger als die Jahreszeit ist, wo man sich auf einer Insel befindet: Die windabgewandten Südküsten sind sonnig und trocken, die Nordküsten und die Berge fangen die Regenwolken ab – und sind dementsprechend feuchter und grüner. Hochsaison sind Juli und August sowie Weihnachten bis Ostern.

MASSE & GEWICHTE

1 inch = 2,54 cm
1 foot = 30,48 cm
1 mile = 1,6 km
1 gallon = 3,79 Liter
1 pound = 453,6 Gramm
0 °C = 32 °F (Fahrenheit minus 32 mal 5 durch 9=Celsius
Konfektionsgrößen Damen: 4 = 34, 6 = 36, 8 = 38, 10 = 40 etc., Herren: 36 = 46, 38 = 48, 40 = 50 etc.

MIETWAGEN

Leihwagen sind auf Hawaii recht preisgünstig (ab 40–45 $ pro Tag, 160–200 $ pro Woche), meist inklusive gefahrener Kilometer *(unlimited mileage)*. Mindestalter: 25 Jahre. Auf Oahu und Maui gibt es auch Motorradvermieter (mit Harley-Davidsons). Bei den Mietstationen bekommen Sie Kartenbroschüren *(drive guides)*. Es empfiehlt sich, das Auto vorab zu reservieren, dann sind die vor Ort sehr teuren Versicherungen (20–22 $ Vollkasko/Tag) und Steuern bereits im Pauschalpreis inbegriffen.

NOTRUF

Wählen Sie die gebührenfreie *Notrufnummer 911* oder den *Operator: 0*. Je nach Notlage werden Sie dann mit Polizei, Feuerwehr oder Rettungsdienst verbunden.

ÖFFENTLICHE VERKEHRSMITTEL

Leider besteht nur auf Oahu ein gut ausgebautes Busnetz. Der Schwerpunkt des Systems von *The Bus* liegt im Raum Honolulu, doch gibt es auch eine Linie *(Nummer 52)*, die in vier Stunden rund um die Insel fährt. *Fahrplaninformation: Tel. 848-55 55.* Preis je Fahrt: nur 2 $. Auf allen anderen Inseln fahren Sie besser mit dem Mietwagen.

ÖFFNUNGSZEITEN

Läden sind überwiegend Mo–Sa 9.30–18 Uhr geöffnet; die großen Shoppingmalls in Honolulu 10–21 und So 12–17 Uhr. Supermärkte stehen meist auch abends und an Wochenenden offen.

POST

Postämter haben Mo–Fr 9–17, Sa 8.30–12 Uhr geöffnet. Porto für Luftpostbriefe und Postkarten nach Europa: 90 Cent.

STEUERN

Eine Verkaufssteuer von 4 Prozent *(excise tax)* wird, für Europäer ungewohnt, auf alle Einkäufe erst beim Bezahlen hinzugerechnet – denken Sie daran! Und im Hotel wird eine Übernachtungssteuer von 7,25 Prozent aufgeschlagen.

STROM

Netzspannung 110 Volt, 60 Hertz. Einen Steckdosenadapter für den (umschaltbaren!) Fön oder Rasierapparat bringen Sie am besten gleich von zu Hause mit.

TELEFON & HANDY

Vorwahl Hawaii: *001*, dann *808 (area code)*. Alle Telefonnummern in den USA sind siebenstellig. Von einer Insel zur anderen muss der *area code* auch innerhalb des Archipels gewählt werden, also *1-808* vor der Nummer.

Ortsgespräche aus der Telefonzelle kosten 25–50 Cent, bei Ferngesprächen gibt nach dem Wählen eine

WETTER IN HONOLULU

	Jan.	Feb.	März	April	Mai	Juni	Juli	Aug.	Sept.	Okt.	Nov.	Dez.
Tagestemperaturen in °C	25	25	25	25	26	27	28	28	28	28	27	25
Nachttemperaturen in °C	19	19	20	20	21	22	23	23	23	23	21	20
Sonnenschein Std./Tag	7	8	8	9	9	9	9	9	9	8	8	6
Niederschlag Tage/Monat	8	5	6	5	3	3	3	3	4	6	6	8
Wassertemperaturen in °C	24	24	24	25	26	26	27	27	27	27	26	25

Computerstimme die Gebühr an. Achtung: Im Hotel werden oft horrende Aufschläge berechnet! Bei allen Telefonproblemen hilft der Operator *(Tel. 0)* weiter, er vermittelt auch R-Gespräche *(collect calls)*. Eine andere Besonderheit sind die gebührenfreien Nummern mit der Vorwahl *800, 866, 888 oder 877*, über die man Hotels oder auch Mietwagen reservieren kann.

Tri-Band-Handys aus Europa funktionieren auch auf Hawaii – aber leider nur in den Städten und gegen einen Aufpreis von bis zu 2 Euro je Minute. Weit preiswerter sind für Anrufe von Telefonzellen oder im Hotel die an Kiosken und in kleinen Märkten erhältlichen *Prepaid Phone Cards*.

Vorwahl nach Deutschland: 011-49, nach Österreich: 011-43, in die Schweiz: 011-41, danach die Ortsvorwahl ohne die erste Null und dann die Rufnummer.

TRINKGELD

In Rechnungen im Restaurant ist das Bedienungsgeld nicht inklusive. Man lässt daher etwa 15 Prozent des Rechnungsbetrages als *tip* auf dem Tisch liegen. Der Kofferträger im Hotel bekommt etwa 1 $ je Gepäckstück, für das Zimmermädchen lässt man bei der Abreise pro Aufenthaltstag etwa 2 $ liegen.

ZEIT

Es gilt Hawaiizeit. Der Zeitunterschied zu Mitteleuropa beträgt –11 Stunden, während der europäischen Sommerzeit –12 Stunden, da auf Hawaii nicht auf Sommerzeit umgestellt wird.

WAS KOSTET WIE VIEL?

SHAVED ICE	**2–3 EURO** für ein geraspeltes Wassereis
BIER	**2–5 EURO** für ein Glas Bier
DRINK	**5–8 EURO** für einen Mai-Tai-Drink
DINNER	**12–25 EURO** für ein Fischdinner
CRUISE	**20–40 EURO** für eine 1- bis 2-stündige Segelkatamaran-Tour
BENZIN	**65 CENT** für einen Liter bleifreies Normalbenzin

ZOLL

Zollfrei sind bei der Einreise nach Hawaii 200 Zigaretten und 1 l Spirituosen. Pflanzen, Wurst, Obst und andere frische Lebensmittel dürfen Sie nicht einführen!

Vorsicht bei der Ausreise: Landen Sie auf dem US-Festland zwischen, dürfen Sie frische Lebensmittel oder Pflanzen (Ananas, Orchideen, Blumenkränze etc.) nicht mitnehmen! Ausnahme: speziell verpackte Pflanzen und Obst aus den Flughafenläden.

In die EU und die Schweiz zollfrei eingeführen können Sie: 1 l Alkohol über 22 Prozent, 200 Zigaretten oder 100 Zigarillos oder 50 Zigarren oder 250 g Tabak, 50 g Parfüm und 250 ml Eau de Toilette sowie andere Artikel (außer Gold) im Gesamtwert von 175 Euro bzw. 100 Franken. www.zoll.de, www.ezv.admin.ch

> DO YOU SPEAK ENGLISH?

„Sprichst du Englisch?" Dieser Sprachführer hilft Ihnen, die wichtigsten Wörter und Sätze auf Englisch zu sagen

Aussprache

Zur Erleichterung der Aussprache sind alle englischen Begriffe und Wendungen mit einer einfachen Aussprache (in eckigen Klammern) versehen. Folgende Zeichen sind Sonderzeichen:

ə nur angedeutetes „e" wie in bitte
θ [s] gesprochen mit der Zungenspitze zwischen den Zähnen
' die nachfolgende Silbe wird betont

AUF EINEN BLICK

Ja./Nein.	Yes. [jäs]/Yeah. [jie]/No. [no]
Vielleicht.	Perhaps. [pö'häps]/Maybe. ['mäibih]
Bitte.	Please. [plihs]
Danke.	Thank you. ['θänkju]
Vielen Dank!	Thank you very much. ['θänkju 'wäri 'matsch]
Gern geschehen.	You're welcome. [jər 'wälkəm]
Entschuldigung!	Excuse-me! [iks'kjuhs 'mih]
Wie bitte?	Pardon? ['paərdn]
Ich verstehe Sie/dich nicht.	I don't understand. [ai dont andö'ständ]
Ich spreche nur wenig …	I only speak a little … [ai 'onli spihk ə litl]
Können Sie mir bitte helfen?	Can you help me, please? ['kən ju 'hälp mi plihs]
Ich möchte …	I'd like … [aid'laik]
Das gefällt mir (nicht).	I (don't) like this. [ai (dont) laik‿θis]
Haben Sie …?	Do you have …? [du ju 'häw]
Wie viel kostet es?	How much is this? ['hau'matsch is θis]
Wie viel Uhr ist es?	What time is it? [wət 'taim is it]

KENNENLERNEN

Guten Morgen!	Good morning! [gud 'moərning]
Guten Tag!	Good afternoon! [gud äftö'nuhn]
Guten Abend!	Good evening! [gud 'ihwning]
Hallo! Grüß dich!	Hello! [hə'lo]/Hi! [hai]
Mein Name ist …	My name's … [mai näims …]
Wie ist Ihr/Dein Name?	What's your name? [wots joər 'näim]
Wie geht es Ihnen/dir?	How are you? [haur'ju]
Danke. Und Ihnen/dir?	Fine thanks. And you? ['fain θänks, ənd 'ju]

SPRACHFÜHRER ENGLISCH

Auf Wiedersehen!	Goodbye!/Bye-bye! [gud'bai/bai'bai]
Tschüss!	See you!/Bye! [sih ju/bai]
Bis bald!	See you later! [sih ju 'lätər]
Bis morgen!	See you tomorrow! [sih ju tə'məro]

UNTERWEGS

AUSKUNFT

links/rechts	left [läft]/right [rait]
geradeaus	straight ahead [sträit 'əhäd]
nah/weit	near [niər]/far [faər]
Bitte, wo ist …	Excuse me, where's …, please? [iks'kjuhs 'mih 'weərs … plihs]
… der (Bus-) Bahnhof?	… the train/bus station … [θə'träən/bass 'stäischn]
… die U-Bahn?	… the subway … [θə 'sabwä]
… der Flughafen?	… the airport … [θə 'erpoht]
Wie weit ist das?	How far is it? ['hau 'far‿is‿it]
Ich möchte ein Auto mieten.	I'd like to rent a car. [aid'laik tə 'ränt ə 'kaər]

AUTO

Ich habe eine Panne.	My car's broken down. [mai 'kaərs 'brokn 'daun]
Gibt es hier in der Nähe eine Werkstatt?	Is there a service station nearby? ['is θeə‿ə 'söəwis stäischn 'nirbai]
Wo ist die nächste Tankstelle?	Where's the nearest gas station? ['weəs θə 'niərist 'gäs stäischn]
Ich möchte … Liter/ Gallonen [3,7 l] …	… liters/gallons of … ['lihtərs/gäləns əw]
… Normalbenzin.	… regular, [regjulər]
… Super.	… premium, [primium]
… Diesel.	… diesel, ['dihsl]
… bleifrei/verbleit.	… unleaded/leaded, please. [an'lädid/'lädid plihs]
Voll tanken, bitte.	Full, please. ['full plihs]

UNFALL

Hilfe!	Help! [hälp]
Achtung!	Attention! [ə 'tänschn]
Vorsicht!	Look out! ['luk 'aut]

Rufen Sie bitte …	Please call … ['plihs 'kahll]
… einen Krankenwagen.	… an ambulance. [ən 'ämbjuləns]
… die Polizei.	… the police. [θə pə'lihs]
Es war meine Schuld.	It was my fault. [it wəs 'mai 'fahllt]
Es war Ihre Schuld.	It was your fault. [it wəs 'johər 'fahllt]
Geben Sie mir bitte Ihren Namen und Ihre Anschrift.	Please give me your name and address. [plihs giw mi joər 'näim ənd ɔ'dräs]

ESSEN/UNTERHALTUNG

Wo gibt es hier ein gutes Restaurant?	Is there a good restaurant here? ['is θeər ə 'gud 'rästərahnt 'hiər]
Reservieren Sie uns bitte für heute Abend einen Tisch für vier Personen.	Would you reserve us a table for four for this evening, please? ['wud ju ri'söhw əs ə 'täibl fə 'fohr fə θis 'ihwning plihs]
Auf Ihr Wohl!	Cheers! [tschiərs]
Bezahlen, bitte.	Could I have the check, please? ['kud ai häw θə tschek plihs]
Wo sind bitte die Toiletten?	Where are the restrooms, please? ['weərə θə 'restruhms plihs]

EINKAUFEN

Wo finde ich …	Where can I find … ['weər 'kən‿ai 'faind]
… eine Apotheke?	… a pharmacy? [ə farməssi]
… eine Bäckerei?	… a bakery? [ə bəikəri]
… ein Kaufhaus?	… a department store? [ə di'partmənt stoər]
… ein Lebensmittelgeschäft?	… a supermarket/grocery store? [ə 'supər 'mahrkət/grosri stoər]
Nehmen Sie Kreditkarten?	Do you take credit cards? ['du‿ju täik 'kräditkahds]

ÜBERNACHTUNG

Können Sie mir bitte … empfehlen?	Could you recommend …, please? [kud ju ‚räkə'mänd … plihs]
… ein Hotel/Motel …	… a hotel/motel …[ə ho'täl/mou'təl]
… eine Pension …	… a B&B (bed & breakfast) … [ə bin bi (bed‿n 'bräkfəst)]
Ich habe bei Ihnen ein Zimmer reserviert.	I've reserved a room. [aiw ri'söhwd‿ə 'ruhm]
Haben Sie noch …	Do you have … [du‿ju häw]
… ein Einzelzimmer?	… a room for one? [ə ruhm fə wan]

… ein Doppelzimmer?	… a room for two? [ə ruhm fə tu]
… mit Dusche/Bad?	… with a shower/bath? [wiθ ə 'schauər/'bähθ]
Was kostet das Zimmer mit Frühstück?	How much is the room with breakfast? ['hau 'matsch is θə ruhm wiθ 'bräkfəst]

PRAKTISCHE INFORMATIONEN

Können Sie mir einen guten Arzt empfehlen?	Can you recommend a good doctor? [kən ju räkə'mänd ə gud 'daktər]
Ich brauche einen Zahnarzt.	I need a dentist. [ai nied ə 'dentist]
Ich habe hier Schmerzen.	I feel some pain here. [ai fihl səm päin 'hiər]
Ich habe Fieber.	I've got a temperature. [aiw got ə 'tämpritschə]
Rezept	prescription [prə'skripschn]
Spritze	injection/shot [in'dschekschn/schat]
Wo ist hier bitte eine Bank?	Where's the nearest bank? [weərs θə 'niərist bänk]
Bankautomat	teller machine [telər maschin]
Ich möchte … Euro (Schweizer Franken) in Dollar wechseln.	I'd like to change … Euro (Swiss francs) into dollars. [aid laik tə tschäinsch … juro ('swis 'fränks) 'intə 'dahllərs]
Was kostet …	How much is … ['hau 'matsch is]
… ein Brief …	… a letter … [ə 'lädər]
… eine Postkarte …	… a postcard … [ə postkahrd]
… nach Europa?	… to Europe? [tə 'juroup]

ZAHLEN

0	zero [siəro]
1	one [wan]
2	two [tuh]
3	three [θrih]
4	four [fohr]
5	five [faiw]
6	six [siks]
7	seven ['säwn]
8	eight [äit]
9	nine [nain]
10	ten [tän]
11	eleven [i'läwn]
12	twelve [twälw]
13	thirteen [θöh'tihn]
14	fourteen ['foh'tihn]
15	fifteen ['fif'tihn]
16	sixteen ['siks'tihn]
17	seventeen ['säwn'tihn]
18	eighteen ['äi'tihn]
19	nineteen ['nain'tihn]
20	twenty ['twänti]
21	twenty-one ['twänti'wan]
30	thirty ['θöhti]
40	forty ['fohrti]
50	fifty ['fifti]
60	sixty ['siksti]
70	seventy ['säwnti]
80	eighty ['äiti]
90	ninety ['nainti]
100	a (one) hundred ['ə (wan) 'handrəd]
1000	a (one) thousand ['ə (wan) 'θausənd]
10 000	ten thousand ['tän 'θausənd]
1/2	a half [ə 'hähf]
1/4	a (one) quarter ['ə (wan) 'kwohrtər]

> Die Seiteneinteilung für den Reiseatlas finden Sie auf dem hinteren Umschlag dieses Reiseführers.

REISEATLAS HAWAII

A
B
C
1
2
3
4
5
6
POLIHALE
Barking Sand
Nohili Point
Barking Sands
Mil.Res.
Mana Point
Kokole Poi
Kaulakahi Channel
Lehua Island
702
Keawanui
Bay
Kii Landing
Paniau
1281
Kaeo
1018
Pueo Point
Kuakamoku
Puuwai
Kiekie
Halulu Lake
Halalii
Lake
Kamalino
NIIHAU
Kawaihoa Point
548

D
E
F
1
2
3
4
5
6
KAUAI
Princeville
Hanalei Bay
Haena
Kee Beach
Wainiha
Hanalei
Kalihiwai
Hanalei N.W.R.
Kilauea
Mokuaeae
Kilauea Lighthouse
Kilauea Bay
Moloaa Bay
Na Pali Coast
Kalalau Valley
NA PALI COAST S.P.
Kalalau Lookout
HALELEA
FOREST
RES.
NA
PALI-
KONA
FOREST
RESERVE
Kokee
KOKEE S.P.
Waipoo Falls
Alakai Swamp
Namolokama Mt. 4421
Hanalei R.
MOLOAA
KEALIA
F.R.
1946
Hole in the Mountain
Anahola Bay
Anahola
Waipahee Falls
Makaleha Mts. 3255
Kumukumu
Kealia
Kapaa Beach Park
Kapaa
Kawaihau
NONOU F.R.
1241
Sleeping Giant
Wailua
Opaekaa F.
Wailua Fall
WAILUA S.P.
KALEPA F.R.
Hinalele Falls
5148
Waialeale
5243
Kawaikini
LIHUE-
KOLOA
FOREST
RES.
3089
Kahili
WAIMEA CANY. S.P.
Waimea Canyon
Waimea R.
Olokele Canyon
Koula Valley
3662
3875
F.R.
Lihue
Hanamaulu
Nawiliwili
Puhi
Ninini Point
Nawiliwili Bay
Menehune Fishpond (Alakoko)
2297
Omao
First Sugar Mill
Waita Res.
Koloa
Kawelikoa Point
Poipu
Makahuena Point
Poipu Beach Park
Kukuiula
Spouting Horn
Lawai
Kalaheo
Eleele
Numila
Port Allen
Hanapepe
Kaumakani
Capt. Cook Mem.
Old Russian Fort
Waimea
550
50
56
583
Heights in feet
10 km
5 mi

A
B
C
1
2
3
4
5
6
Kahuku Point
Kawela Bay
Kawela
Waialee
Puu Ki 653
Sunset Beach
Pupukea Beach Park
PUPUKEA PAUMALU F.R.
Puu O Mahuka Heiau
Waimea Bay
Waimea
KAHUKU
Kawailoa Beach
Waimea Falls
83
Haleiwa Beach Park
Kawailoa Camp
Waialua Bay
KAENA POINT N.R.A.
Dillingham A.F.B.
Mokuleia
KAWAILOA
Kaena Point
930
Haleiwa
Waialua
Kamooloa
KAENA POINT S.P.
Ranch Camp
FOR. RES
1864
KUAOKALA F.R.
99
Makua Mil. Res.
MOKULEIA
Poamoho Camp
Dole Pineapple Center
Makua
Kaneana Cave
MAKUA KEAAU F.R.
F.R.
Kaala 4019
Wahiaw
Schofield Barr. Mil. Res.
Kaneaki Heiau
Waianae Range
Schofield B Mil. R
Makaha Beach Park
WAIANAE KAI F.R.
1724
HONO-
Wheeler Army Airfd.
Waipio Acre
Makaha
93
Lua Lua-lei Naval Reservation
Kunia
H2
Waianae
ULIULI
99
Palis
Kuilioloa Heiau
750
Maili
NANAKULI F.R.
F.R.
Pearl City
Maili Point
93
780
Waipahu
Nanakuli
PEARL HBR. N.W.R.
Nanakuli Beach Park
Makakilo City
H1
76
Pearl Hbr.
Ewa
U.S. Naval Res.
Hawaiian Waters Adventure Park
Kapolei
Barbers Point Naval A.S.
Ewa Beach
Barbers Point
Mamala

D
E
F
1
2
3
4
5
6
OAHU
ES CAMPBELL N.W.R.
ahuku
Makahoa Point
Mokuauia Island
Laie
Polynesian Cultural Center
Hauula Beach Park
Hauula
PAPAU
Punaluu
Kahana
HAUULA F.R.
KAHANA VALLEY S.P.
Kaaawa
Old Sugar Mill
Mokolii Island
Kualoa Point
Waikane
Kapapa Island
EWA
WAIAHOLE F.R.
2786
Kahaluu
Mokumanu Islands
Kaneohe Bay
Kaneohe Bay M.C.A.S.
Valley of the Temples
Heeia
Mokapu Peninsula
FOR. RES.
Kailua Bay
Kaneohe
Haiku Grdns.
Halawa
Kailua
KANEOHE F.R.
Maunawili
Foster Village
HONOLULU
Nuuanu Pali Lookout
Waimanalo Bay
Bellows A.F.S.
WAIMANALO F.R.
Waimanalo
Ft. Shafter Mil. Res.
Waimanalo Beach
WATERSHED
Honolulu Int'l. Airp.
Nat. Mem. Cem. of the Pacific
FOR. RES.
Sea Life Park
Manana Island
Sand I.
KULIOUOU F.R.
Makapuu Point
Aina Haina
KOKO HEAD REG. PARK
olulu
Ft. De-Russy
Portlock
Koko Crater
Hanauma Bay
Waikiki Beach
Maunalua Bay
Koko Head 642
Diamond Head 760
Kupikipikio Point
Heights in feet
10 km
5 mi

A
B
C
1
2
3
4
5
6
Kaiwi Channel
Ilio Point
658
Moomomi
Kalaupapa Peninsula
Kalaupapa
Kepuhi
Papohaku Beach
480
Hoolehua
2109
PALAAU S.P.
Kalae
460
470
Kualapuu
Maunaloa
Puu Nana
1435
1381
460
Umipaa
Kalamaula
Kaunakaka
Laau Point
Halena
Kapuaiwa Coconut Grove
Kaunakakai Harbor
450
O Ne Alii Beach Park
MOLOKAI
Pohakuloa Point
Garden of the Gods
Keanapapa Point
1799
LANAI
Kaumalapau
Kaholo Pali
Palaoa Point
Heights in feet
10 km
5 mi

D
E
F
1
2
3
4
5
6
Mokapu Island
Haupu Bay
Pelekunu Bay
Kahiwa Falls
Papalaua Falls
Halawa Bay
KALAUPAPA N.H.P.
Olokui 4602
Halawa Valley
Cape Halawa
Halawa
Moaula Falls
Mokuhooniki
FOREST
Waihue Trail
RESERVE
Malahini Cave
450
Kamakou 4970
Waialua
KAKAHAIA N.W.R.
Iliiliopae Heiau
Hokukano Heiau
Pukoo
Ualapue
Kamalo
Kalaeloa Harbor
Kamalo Harbor
Pailolo Channel
MAUI
Nakalele Point
Lipoa Point
Honokohau
Honolua Bay
Hawea Point
Napili Bay
Honokahua
Kapalua Beach
Kahana
WEST
Honokowai
30
Puukolii
Eke Crater 4480
Kaanapali
2
Hanakaoo Point
Crater MAUI Village
WAIHIKULI S.P.
Mala
Puunoa Point
Puu Kukui 5788
IAO VALLEY S.P.
Lahaina
Auau Channel
FOREST
Keomuku
Maunalei Gulch
Munro Trail
LAUNIUPOKO S.P.
Hanaula 4616
Olowalu
Kikoa Point
Hekili Point
Palawai Basin
Lanaihale 3370
440
Passenger Ferry
Manele Bay
Kealaikahiki Channel
KAHOOLAWE
Kuikui Point
Puu Moaulaui 1477

A
B
C
129
1
2
3
4
5
6
Nakalele Point
Lipoa Point
Honolua Bay
Honokohau
Hawea Point
Napili Bay
Kahakuloa Head
Kahakuloa
Kapalua Beach
Honokahua
WEST
340
Kahana
Hono-
Kowai
30
Puukolii
Eke Crater
4480
Waihee
Lower
Paia
Kaa-
napali
Halekii-
Pihana
Heiaus
Spreck-
elsville
The
Needle
2250
Waiehu
WAIHI-
KULI S.P.
Crater
Village
MAUI
Paia
Haliimai
Mala
Lahaina
Puu Kukui
5788
IAO
VALLEY S.Mon.
Wai-
luku
32
Kahului
36
37
FOREST
380
Puunene
Keahua
LAUNIUPOKO
S.P.
Hanaula
4616
RES.
Waikapu
30
311
Pukalani
Lanai
Olowalu
Hekili Point
Maalae
310
Kealia Pond
30
Kihei
Papawai Point
McGregor
Point
Maalaea Bay
31
Kula
Kalama Beach Park
Kamaole
Kamaole Beach Park
Keawakapu
Wailea
POLI POLI
SPRINGS S.R.A.
Makena
Puu Olai
360
Ulupalakua
Molokini Island
Puu Mah
2660
Ahihi
Bay
Keoneoio
31
Alalakeiki Channel
Kuikui Point
Cape
Hanamanioa
La Perouse
Bay
Puu Moaulaui
1477
Ule Point
Pohakueaea
Point
Kealaikahiki
Point
Halona Point
Kaka Point
Waikahalulu Bay
Puukoae Island
Kamohio Bay
KAHOOLAWE

D
E
F
1
2
3
4
5
6
MAUI
Opana Point
Uaoa Bay
Pauwela
Ulumalu
Waipio Bay
Twin Falls
36
Huelo
Kailua
365
360
Honomanu Bay
Keanae Point
Kokomo
Waikamoi Falls
Keanae
KAUMAHINA S.P.
Wailua
Makawao
KEANAE S.P.
KOOLAU
Nahiku
MAKAWAO F.R.
PUAA KAA S.P.
Kalahu Point
377
Keanae Valley
FOREST
Piilanihale Heiau
WAIANAPANAPA S.P.
6849
Kaeleku
360
Nanualele P.
378
Koolau Gap
RESERVE
Hana Bay
Hana
Kauiki Head
Hanakauhi 8907
HANA
2
8105
FOREST
Hamoa
Haleakala Crater
NATIONAL
4576
RES.
KULA
HALEAKALA
Kipahulu Valley
Puuiki
Wailua
F.R.
Red Hill 10023
8201
Kaupo
PARK
Haou
Falls
FOR. RES.
KIPAHULU F.R.
360
Koali
KAHIKINUI
Gap
Oheo
Kipahulu
Puhilele Point
Loaloa Heiau
31
Kaapahu Bay
Kaupo
Nuu Bay
Apole Point
Mamalu Bay
Kailio Point
Nakaohu Point
Wekea Point
Alenuihaha Channel
Heights in feet
10 km
5 mi

A
B
C
1
2
3
4
5
6
Upolu Point
Hoea
Camp
Union
Mill
Mookini Heiau
King Kamehameha1. Birthplace
Kauhola Point
Halaula (Kohala Mill)
Niulii
Hawi
270
Kapaau
(Kohala)
Akoakoa Point
Makapala
Kahei Homesteads
Kapaa Beach Park
Mahukona
Halawa
Mahukona Beach Park
Lapakahiki S.H.P.
Puu Hue
Ranch
250
Kohala Mountains
Pololu Valley
Waimanu
Bay
Lahikiola
3383
KOHALA
1200
Waipio
Bay
Kukuihaele
Kawaihae Coast
Wailikahi Falls
Kahua
Ranch
FOREST
Waipio
240
Waipio Valley
HAMAKUA F.R.
Kaunu o Kaleiochie
5505
RES.
Mamalahoa Hwy.
Kawaihae
Kawaihae Bay
Puukohola
Heiau N.H.S.
Waiaka
19
Samuel M. Spencer Beach Park
Waimea
(Kamuela)
Parker
Ranch Hqrs.
Mana
HAPUNA BEACH S.P.
Puako
190
4063
Makahalau
Coast
Lahuipuaa
19
Kamakoa Gulch
Waiawa Point
Anaehoomalu
Petroglyphs
Nohonaohae
8249
Kemole Gulch
Anaehoomalu Bay
Auwaiakeakua
Keawaiki
Popoo Gulch
Gulch
Kohala
Kiholo Bay
Kiholo Point
Kiholo
Waikii
Kaupulehu
200
Puuanahulu
3
Kawili Point
Ahumoa
7024
Mahaiula Bay
Mahaiula
190
Puu Waawaa Ranch
Makolea Point
FOREST
Huehue
Ranch
Puu Waawaa
3967
Keahole
Point
Kapulehu Crater
6141
Kalaoa
Na Puu Kulua
5986
Pohakuloa
Training Area
Honokohau
KAUPULEHU F.R.
KALOKO-HONOKOHAU N.H.P.
Honokohau Bay
HONUAULA F.R.
Hualalai
3271
Honokohau Settlement
19
Keahuolo Point
NORTH KONA F.R.
AND WATERSHED
Kailua-Kona
Kailua Bay
Holualoa
Ahu a Umi
Heiau
1
Disappearing Sands Beach
180
Kekoolau
8049
Kahaluu
KAHALUU
F.R.
Kahaluu Beach Park
Puu Lehua
5200
Keauhou
Keauhou Holua
Slide
9307
Kona
Kainaliu
Keikiwaha Point
Weather Station
Kealakekua
Captain Cook's Mon.
Captain Cook
Mokuaweoweo
Crater
Puu o Uo
8847
Napoopoo
Hikiau Heiau
Mauna Loa
13677
13277
Kealakekua Bay
Keei
HONAUNAU
FOR. RES.
Cone
13416
Rest House
Palemano Point
Honaunau
1
Lua Hou
KAPAPALA
PUUHONUA O HONAUNAU N.H.P.
Keokea
Kealia
Hookena Beach Park
Sleeping Cave
Sulphur Cone
11329
Hookena
Coast
Kalahiki Beach
Lepeamoa Rock
Puu Pohakuloa
6222
Southwest Rift
Kau Loa Point
SOUTH
KONA
FOR.
Umi Caverns
Alika Cone
7843
RES.
Wood Valley
Camp
Kipahoehoe Bay
FOREST
Kaumaikeo
3430
Puu o Keokeo
6875
Papa
Bay
Milolii
Papa
Puu Ohohia
5524
Kaiholena
3800
Hanamalo Point
Okoe Bay
RESERVE
Kakio Point
SOUTH KONA
FOR.
Ninole
132
MANUKA
RES.
2992
Honuapo
Honuapo Bay
Kamoi Point
Manuka Bay
Waiohino
Kahuku
1
Naalehu
Kauna Point
Na Puu a Pele
245
Pohue
Bay
Petroglyphs
Waikapuna Bay
Kamilo Point
Lae o Kamilo
Puu Hou
273
Kaalualu Bay
Heiau o Molilele
Mahana Bay
Heiau o Kalalea
Ka Lae Cape

D
E
F
1
2
3
4
5
6
HAWAII
Hamakua Coast
Haina
Paauhau
KALOPA S.P.
Kukaiau
Paauilo
Oakala
HAMAKUA F.R.
Laupahoehoe Point
Umikoa
Laupahoehoe
Papaaloa
MANOWAIALEE F.R.
Maulua Bay
Weloka
Hanaipoe
Ninole
Honohina
Keanakolu
Hakalau
Wailea
D. D. Douglas Hist. Mon. (Kaluakauka)
HILO
AKAKA FALLS S.P.
Honomu
Puu Makanaka 12414
Pepeekeo Point
Pepeekeo Mill
Pepeekeo
Mauna Kea Observatory
Mauna Kea Adz Quarry
FOREST
Onomea
Onomea Bay
Papaikou
MAUNA KEA (Hale Pohaku Area)
RESERVE
Hilo Bay
WAILUKU RIVER S.P.
WAILOA RIVER S.P.
Leleiwi Point
Onekahakaha Beach Park
Wailuku River
Saddle Road
Kaumana Cave
Hilo
Kaumana
PANAEWA F.R.
Haena
UPPER WAIAKEA
WAIAKEA
FOR.
RES.
Keaau
Kaloli Point
FOREST RESERVE
Kurtistown
Stainback Hwy.
Kukui
OLAA
Kulani Prison
Puu Kulua 9014
Puu Makaala 3707
Mountain View
MANAWALE
FOR.
Cape Kumukahi
Kulani 5518
UPPER OLAA F.R.
OLAA FOREST TRACT
Kapoho
Kapoho Crater 446
KILAUEA FOR. RES.
Pahoa
RES.
Glenwood
PUNA
Lava Tree
Isaac Hale Beach Park
MALAMA-KI F.R.
Mahinaakaka Heiau
MACKENZIE S.P.
Bird Park
FOREST
Park Headquarters
Volcano
Opihikao
Volcano Observatory
Kilauea Iki Crater
1711
RESERVE
KEAUOHANA F.R.
Halemaumau
Kilauea Crater Caldera
Thurstone Lava Tube
East Rift
2181
Puhimau Crater
Hiiaka Crater
Chain of Craters
Kehena
Footprints
Pauahi Crater
Napau Crater
Kaimu
Mauna Ulu
Makaopuhi Crater
Kalapana
Kaimu Beach
Mauna Iki 3032
Kalapana Trail
Mamalahoa Hwy.
NATIONAL
PARK
1114
Kau Desert
Puu Kapukapu 1050
Holei Pali
Petroglyphes
Hilina Pali
Keauhou Landing
Kealakomo
Apua Point
Great Crack
Nalikakani Point
Kuee Ruins
Kapaoo Point
Mahuka Bay
Palima Point
Heights in feet
10 km
5 mi

KARTENLEGENDE

Autobahn mit Nummer	Interstate highway with number
Mehrspurige Straße	Multilane highway
Hauptstraße	Main road
Nebenstraße	Minor road
Fahrweg	Gravel road
Wanderweg	Hiking trail
Flugplatz	Airfield
Sehenswürdigkeit	Place of interest
Natursehenswürdigkeit	Place of natural beauty
Sperrgebiet	Prohibited area
Nationalpark	National park
Waldschutzgebiet	Forest reserve
Sumpf	Swamp
Wasserfall	Waterfall
Periodischer Fluss	Seasonal river
Bergspitze mit Höhe in Feet (1799)	Summit with height in feet
Höhenlinienabstände in 1000 Feet	Contour distances in 1000 feet
Ausflüge & Touren	Excursions & tours

REGISTER

In diesem Register sind alle in diesem Führer erwähnten Orte, Sehenswürdigkeiten und Ausflugsziele verzeichnet. Halbfette Seitenzahlen verweisen auf den Haupteintrag, kursive auf ein Foto.

SCHREIBEN SIE UNS!

Liebe Leserin, lieber Leser,

wir setzen alles daran, Ihnen möglichst aktuelle Informationen mit auf die Reise zu geben. Dennoch schleichen sich manchmal Fehler ein – trotz gründlicher Recherche unserer Autoren/innen. Sie haben sicherlich Verständnis, dass der Verlag dafür keine Haftung übernehmen kann.

Wir freuen uns aber, wenn Sie uns schreiben.

Senden Sie Ihre Post an die MARCO POLO Redaktion, MAIRDUMONT, Postfach 31 51, 73751 Ostfildern, info@marcopolo.de

IMPRESSUM

Titelbild: Sufer auf Oahu (Getty Images/Stone: Warren Bolster)
Fotos: Bill Barnfield (13 o.); Mario Böhler (12 o.); Getty Images/Stone: Warren Bolster (1); HB Verlag: Widmann (3 l., 3 M., 4 l., 20, 22, 22/23, 23, 32, 34, 41, 44/45, 50/51, 67, 68/69, 89, 95, 100, 110); Honolulu Design Center (15 o.); IFA Bilderteam: Koubou (39), BCI (90); ©iStockphoto.com: drewhadley (105 o.l.), Floortje (104 o.l.), jeannehatch (104 M.r.), jtyler (105 M.l.), Michael Svoboda (14 M.), ooyoo (105 u.r.), vyruz (104 u.l.); G. Jung (27); Rae Huo / RJH Inc. (105 M.r.); Kahala Hotel & Resort: George Apostolidis (13 u.); Kelea Surf Spa: Carol Olivia (14 o.); Lade: Pacific Stock (U.l., U.r., 5, 49, 59), Sandhofer (6/7), Weigl (98/99); Laif: Gollhard & Wieland (8/9, 16/17, 80/81, 110/111), Heeb (30/31, 62, 75, 76/77, 84/85, 97); Mauritius: age (43), Botanica (28), Oxford Scientific (65), Pacific Stock (24/25, 26, 28/29, 46, 83, 92, 111), Photo Resource (29); Jason Moore (12 u.); Okapia/NAS: Carruthers (11), Davis (54); Okapia/P. Arnold, Inc: Schafer (18); Denise Sanders (104 M.l.); K. Teuschl (4 r., 36, 52, 122/123, 139); The O Lounge, EHW LLC (14 u.); The Waldorf Astoria Collection (79); Transglobe: Kay (2 l.)Wet Women®, LLC: Arica Brie (15 u.), T. P. Widmann (U.M., 2 r., 3 r., 57, 60/61, 66, 70, 73, 86, 103, 106/107, 108)

10., aktualisierte Auflage 2008

Verlegerin: Stephanie Mair-Huydts; Chefredaktion: Michaela Lienemann, Marion Zorn
Autoren: Karl Teuschl, S. 12–15 und S. 104/105: Roberto La Pietra; Redaktion: Marlis v. Hessert-Fraatz
Programmbetreuung: Leonie Dlugosch, Nadia Al Kureischi; Bildredaktion: Gabriele Forst, Silwen Randebrock
Szene/24h: wunder media, München
Kartografie Reiseatlas: © MAIRDUMONT, Ostfildern
Innengestaltung: Zum goldenen Hirschen, Hamburg; Titel/S. 1–3: Factor Product, München
Sprachführer: in Zusammenarbeit mit Ernst Klett Sprachen GmbH, Stuttgart, Redaktion PONS Wörterbücher

Printed in Germany. Gedruckt auf 100% chlorfrei gebleichtem Papier

FÜR IHRE NÄCHSTE REISE

gibt es folgende MARCO POLO Titel:

DEUTSCHLAND

Allgäu
Amrum/Föhr
Bayerischer Wald
Berlin
Bodensee
Chiemgau/Berchtesgadener Land
Dresden/Sächsische Schweiz
Düsseldorf
Eifel
Erzgebirge/Vogtland
Franken
Frankfurt
Hamburg
Harz
Heidelberg
Köln
Lausitz/Spreewald/Zittauer Gebirge
Leipzig
Lüneburger Heide/Wendland
Mark Brandenburg
Mecklenburgische Seenplatte
Mosel
München
Nordseeküste Schleswig-Holstein
Oberbayern
Ostfriesische Inseln
Ostfriesland/Nordseeküste Niedersachsen/Helgoland
Ostseeküste Mecklenburg-Vorpommern
Ostseeküste Schleswig-Holstein
Pfalz
Potsdam
Rheingau/Wiesbaden
Rügen/Hiddensee/Stralsund
Ruhrgebiet
Schwäbische Alb
Schwarzwald
Stuttgart
Sylt
Thüringen
Usedom
Weimar

ÖSTERREICH | SCHWEIZ

Berner Oberland/Bern
Kärnten
Österreich
Salzburger Land
Schweiz
Tessin
Tirol
Wien
Zürich

FRANKREICH

Bretagne
Burgund
Côte d'Azur/Monaco
Elsass
Frankreich
Französische Atlantikküste
Korsika
Languedoc-Roussillon
Loire-Tal
Normandie
Paris
Provence

ITALIEN | MALTA

Apulien
Capri
Dolomiten
Elba/Toskanischer Archipel
Emilia-Romagna
Florenz
Gardasee
Golf von Neapel
Ischia
Italien
Italienische Adria
Italien Nord
Italien Süd
Kalabrien
Ligurien/Cinque Terre
Mailand/Lombardei
Malta/Gozo
Oberital. Seen
Piemont/Turin
Rom
Sardinien
Sizilien/Liparische Inseln
Südtirol
Toskana
Umbrien
Venedig
Venetien/Friaul

SPANIEN | PORTUGAL

Algarve
Andalusien
Barcelona
Baskenland/Bilbao
Costa Blanca
Costa Brava
Costa del Sol/Granada
Fuerteventura
Gran Canaria
Ibiza/Formentera
Jakobsweg/Spanien
La Gomera/El Hierro
Lanzarote
La Palma
Lissabon
Madeira
Madrid
Mallorca
Menorca
Portugal
Spanien
Teneriffa

NORDEUROPA

Bornholm
Dänemark
Finnland
Island
Kopenhagen
Norwegen
Schweden
Südschweden/Stockholm

WESTEUROPA | BENELUX

Amsterdam
Brüssel
Dublin
England
Flandern
Irland
Kanalinseln
London
Luxemburg
Niederlande
Niederländische Küste
Schottland
Südengland

OSTEUROPA

Baltikum
Budapest
Estland
Kaliningrader Gebiet
Lettland
Litauen/Kurische Nehrung
Masurische Seen
Moskau
Plattensee
Polen
Polnische Ostseeküste/Danzig
Prag
Riesengebirge
Russland
Slowakei
St. Petersburg
Tschechien
Ungarn
Warschau

SÜDOSTEUROPA

Bulgarien
Bulgarische Schwarzmeerküste
Kroatische Küste/Dalmatien
Kroatische Küste/Istrien/Kvarner
Montenegro
Rumänien
Slowenien

GRIECHENLAND | TÜRKEI | ZYPERN

Athen
Chalkidiki
Griechenland Festland
Griechische Inseln/Ägäis
Istanbul
Korfu
Kos
Kreta
Peloponnes
Rhodos
Samos
Santorin
Türkei
Türkische Südküste
Türkische Westküste
Zakinthos
Zypern

NORDAMERIKA

Alaska
Chicago und die Großen Seen
Florida
Hawaii
Kalifornien
Kanada
Kanada Ost
Kanada West
Las Vegas
Los Angeles
New York
San Francisco
USA
USA Neuengland/Long Island
USA Ost
USA Südstaaten/New Orleans
USA Südwest
USA West
Washington D.C.

MITTEL- UND SÜDAMERIKA

Argentinien
Brasilien
Chile
Costa Rica
Dominikanische Republik
Jamaika
Karibik/Große Antillen
Karibik/Kleine Antillen
Kuba
Mexiko
Peru/Bolivien
Venezuela
Yucatán

AFRIKA | VORDERER ORIENT

Ägypten
Djerba/Südtunesien
Dubai/Vereinigte Arabische Emirate
Israel
Jerusalem
Jordanien
Kapstadt/Wine Lands/Garden Route
Kenia
Marokko
Namibia
Qatar/Bahrain/Kuwait
Rotes Meer/Sinai
Südafrika
Tunesien

ASIEN

Bali/Lombok
Bangkok
China
Hongkong/Macau
Indien
Japan
Ko Samui/Ko Phangan
Malaysia
Nepal
Peking
Philippinen
Phuket
Rajasthan
Shanghai
Singapur
Sri Lanka
Thailand
Tokio
Vietnam

INDISCHER OZEAN | PAZIFIK

Australien
Malediven
Mauritius
Neuseeland
Seychellen
Südsee

> UNSER INSIDER

MARCO POLO Autor Karl Teuschl im Interview

Karl Teuschl spürt als USA-Reisejournalist und -Korrespondent ständig neue, spannende Themen auf – besonders gern reist er dafür nach Hawaii.

Was reizt Sie an Hawaii?

Überall duftet es nach Blumen, die Luft ist seidig weich, das Klima perfekt und die Menschen sind wirklich ganz natürlich freundlich – die Sorgen der Welt erscheinen hier ganz weit weg. Und wenn man sich ins Hinterland aufmacht, entdeckt man einsame Wasserfälle und von Dschungel umrahmte Badeteiche. Da kann man sich schon mal wie Robinson in der Südsee fühlen ...

Gibt es was, was Sie nicht so mögen?

Nein – eigentlich nur den elend langen Flug dorthin. Irgendwann weiß man nicht mehr, wie man sitzen soll. Ich mache daher – wenn irgend möglich – immer einen Zwischenstopp auf dem Festland.

Was genau machen Sie beruflich?

Ich bin Amerika Korrespondent für die Reisezeitschrift GEO-Saison, daneben Autor für Reisebücher und für Bildbände. Und ich mache Dokumentar- und Reisefilme für mehrere öffentlich-rechtliche Fernsehsender. Gerade meine Arbeit als Korrespondent passt gut zu den Reiseführern, denn bei beiden Tätigkeiten muss ich immer am Ball sein und das Neueste über die Region herausfinden. Mit der Zeit bekommt man ein Gespür dafür, was Zuschauer, Leser und Reisende wissen und erleben wollen: Nicht nur die Highlights und großen Sehenswürdigkeiten (die natürlich auch), sondern dazu die kleinen, stillen oder auch ungewöhnlichen Dinge eine Ecke weiter, über die man wirklich Zugang zum Land bekommt. Solche Tipps zu entdecken macht den größten Spaß. Es kommt auf die richtige Kombination an, damit eine Reise zum Erlebnis wird.

Da sind Sie sicher ständig unterwegs?

Ja, meist bin ich etwa 3 bis 4 Monate im Jahr *on the road*. Doch mit etwas Planung kann ich mir aussuchen, wann ich in welcher Region unterwegs bin – im Frühjahr zum Beispiel im Südwesten oder in Kalifornien, und im November jedes Jahr wieder gerne in Hawaii.

Mögen Sie die Küche Hawaiis?

In den Hotels und den Kettenlokalen wird manchmal recht lausige Einheitskost aufgetischt. Aber der frische Fisch auf den Inseln ist einfach unschlagbar – am besten in den Sushi-Lokalen in Hilo. Es muss aber nicht immer ein Gourmet-Restaurant sein, ein *lunch wagon* tut's auch. Vor allem liebe ich *kalua pig* – das rauchig schmeckende Fleisch des im Erdofen gerösteten Schweins schmeckt einfach klasse. Und es ist auch in den kleinen hawaiischen Lokalen oft zu haben – im Sandwich oder ganz einfach mit Reis oder Makkaroni-Salat.

> BLOSS NICHT!

Auch auf Hawaii gibt es Touristenfallen oder Dinge, über die Sie informiert sein sollten

Allzu sorglos sein

Hawaii ist ein vergleichsweise sicheres Reiseziel. Die Taxifahrer sind ehrlich, die Kellner verrechnen sich nicht häufiger als bei uns zu Hause auch. Wohin könnte ein Autodieb auf den Inseln schon fliehen? Trotzdem sollte man eine gesunde Vorsicht walten lassen. Also am Parkplatz Kamera oder Gepäck nicht offen im Wagen liegen lassen (Einbrüche in geparkte Fahrzeuge kommen in Honolulu und auf Maui häufiger vor) und in den Städten nachts nicht alleine durch dunkle Straßen gehen.

An falscher Stelle rauchen

Seit 2006 gelten die striktesten Rauchregeln Amerikas: nicht geraucht werden darf in Bars, Restaurants und allen öffentlichen Gebäuden. Und auch draußen nicht näher als 5 Meter von Türen oder Fenstern entfernt!

Ungeschützt sonnenbaden

Im puritanisch prüden Amerika ist das nahtlose Bräunen verpönt. Zwar wird mittlerweile an den einsameren Stränden zumindest oben ohne geduldet, aber nur an ganz wenigen abgelegenen Beaches wie etwa Little Makena Beach auf Maui können Sie sich hüllenlos bräunen. Vergessen Sie auf keinen Fall die Sonnencreme. Hawaii liegt auf der Höhe der Zentralsahara, die Intensität der Sonne ist dieselbe. Ein hoher Lichtschutzfaktor ist besonders für die ersten Tage wichtig.

In Touristenshows stolpern

Vor allem in Waikiki werden den Touristen *luaus* und polynesische Shows angeboten – meist kitschige Spektakel, bei denen dunkelhäutige Darsteller(innen) Kriegsschreie ausstoßen und mit den Hüften wackeln. Die Amerikaner scheinen diese Art der Unterhaltung zu lieben, ebenso wie die dazu angebotenen Buffetdinners mit zerkochter Massenware. Es gibt nur sehr wenige authentische Shows, da viele der Vorführungen aus anderen Teilen der Südsee stammen. Der Feuertanz etwa kommt aus Samoa. Und selbst die klischeehaften BHs aus Kokosschalen wurden auf Tahiti erfunden – für die Touristen.

Lavawandern

Im Vulkangebiet auf Big Island sollten Sie nicht von den markierten Wegen weichen. Die junge Lava ist scharfkantig und instabil, eine dünne Kruste kann unvermittelt einbrechen. Draußen an der neu entstandenen Küste kommt es manchmal vor, dass ein 100 m langes Uferstück abbricht und ins Meer rutscht.

Zimmer ohne Ausblick mieten

Wenn Sie schon ein Strandhotel buchen, sollten Sie sich auch *ocean view* leisten. In einem Zimmer nach hinten *(garden view)* werden Sie sich bei der Vorstellung ärgern, dass der erste Blick am Morgen auf Palmen und Meer fallen könnte. In der Nebensaison ist es möglich, gegen geringen Aufpreis umzuziehen.